Edição **Luís Brasilino**
Organizadores **Fábio Mallart e Rafael Godoi**
Projeto Gráfico **Gustavo Piqueira | Casa Rex**

DADOS INTERNACIONAIS DE CATALOGAÇÃO NA PUBLICAÇÃO (CIP)

M252 Mallart, Fabio, Org.; Godoi, Rafael, Org.

BR 111 / Organização de Fabio Mallart e Rafael Godoi.
Apresentação de Francisco Crozera. – São Paulo:
Veneta, 2017.
162 p.

ISBN 978-85-9571-016-0

1. Direito. 2. Sociologia. 3. Sistema Penitenciário. 3. Crime. 4. Prisões. 5. Presos. 6. Massacres. 7. Massacre do Carandiru. 8. Direitos Humanos. 9. Combate à Criminalidade. 10. Sistema Prisional Brasileiro. I. Título. II. Onde começam os massacres?. III. Mallart, Fabio, Organizador. IV. Godoi, Rafael, Organizador. V. Crozera, Francisco. VI. Moreira, Fabio Mallart..

CDU 343.8   CDD 343

Catalogação elaborada por Ruth Simão Paulino

EDITORA VENETA
Rua Araújo, 124º andar 01220-020 São Paulo SP
www.veneta.com.br | contato@veneta.com.br

BR 111

**a rota
das prisões
brasileiras**

Fábio Mallart
e Rafael Godoi (orgs.)

veneta

LE MONDE
diplomatique BRASIL

9 APRESENTAÇÃO | **ONDE COMEÇAM OS MASSACRES?**
Francisco Crozera

21 **VIDAS MATÁVEIS**
Fábio Mallart e Rafael Godoi

35 **A GRANDE NARRATIVA DO NORTE: CONSIDERAÇÕES NA FRONTEIRA ENTRE CRIME E ESTADO**
Fabio Magalhães Candotti, Flávia Melo da Cunha e Ítalo Barbosa Lima Siqueira

49 **A PRISÃO E A PRODUÇÃO DO ESPAÇO URBANO: TERRITORIALIDADES CARCERÁRIAS**
Fábio Araújo

63 **É HORA DE RACIALIZAR O DEBATE SOBRE O SISTEMA PRISIONAL NO BRASIL**
Ronilso Pacheco da Silva

71 **POLÍTICAS SEXUAIS E AFETIVAS DA PRISÃO: GÊNERO E SEXUALIDADE EM TEMPOS DE ENCARCERAMENTO EM MASSA**
Natália Lago e Marcio Zamboni

87   **O ENCARCERAMENTO FEMININO COMO AMPLIAÇÃO DA VIOLAÇÃO DE DIREITOS**
Bruna Angotti

99   **LUANA BARBOSA DOS REIS, PRESENTE!": ENTRELAÇAMENTOS ENTRE DISPOSITIVOS DE GÊNERO E FEMINISMOS OCIDENTAIS HUMANITÁRIOS DIANTE DAS VIOLÊNCIAS DE ESTADO**
Natália Corazza Padovani

117   **TORTURA DIFUSA E CONTINUADA**
Rafael Godoi

127   **GESTÃO NEUROQUÍMICA: PÍLULAS E INJETÁVEIS NA PRISÃO**
Fábio Mallart

139   **A ATUAL POLÍTICA DE DROGAS NO BRASIL: UM COPO CHEIO DE PRISÃO**
Marcelo da Silveira Campos

149   **CONTROLE A CÉU ABERTO E MERCADO DO CASTIGO: A URGÊNCIA ABOLICIONISTA**
Ricardo Campello

APRESENTAÇÃO
ONDE COMEÇAM OS MASSACRES?
Francisco Crozera

INTRODUÇÃO

A aparente naturalidade da existência da instituição prisional como resposta a indivíduos tidos como transgressores e violentos ("inimigos públicos") em nossa sociedade decorre do senso comum de que a prisão é instituição intrínseca à vida em sociedade. Sua aceitação é feita sem questionamentos sobre sua origem histórica, seu desenvolvimento, sua função econômica, classista, seu papel nas relações de poder, ou mesmo quanto às condições de aprisionamento.

Paradoxalmente, ao mesmo tempo em que a prisão é tão presente em nossa noção de sociedade, a vida que se encerra dentro dos muros do cárcere sempre foi marcada pela invisibilidade ou mesmo indiferença por parte da maioria das pessoas – invisibilidade que também se dá em relação ao funcionamento do sistema penal (aparato policial, sistema de justiça e sistema penitenciário) e todo o processo que leva determinadas pessoas ao cárcere.

Aparentemente, somente massacres explícitos e tragédias de grandes proporções são capazes de quebrar a invisibilidade/indiferença que se tem em relação ao mundo do cárcere, trazendo à tona os problemas do sistema penitenciário e o quanto ele diz respeito a todos nós – sem que isso resulte necessariamente em reflexão mais profunda.

No início de 2017, violentos massacres em presídios de Manaus e Rio Grande do Norte foram amplamente noticiados nos meios de comunicação, escancarando a "crise" do sistema penitenciário e todo um debate sobre "soluções" para o problema. Juntamente com mais algumas mortes violentas ocorridas em outros presídios pelo país, em quinze dias o número de mortos chegou a 133. Foi o maior massacre desde os 111 no Carandiru, o qual também continua a repercutir como podemos observar na cobertura midiática sobre recente decisão do Tribunal de Justiça de São Paulo anulando o julgamento que condenou os policiais que atuaram na ação, isso 24 anos após o fato.[1]

CARANDIRU, O MASSACRE NÃO ACABADO
Se nos massacres de Manaus e Rio Grande do Norte as mortes ocorreram por disputas entre "facções criminosas" que atuam no sistema penitenciário, e no Carandiru foram causadas diretamente pela atuação do Estado através do seu aparato policial, há, por outro lado, um contexto comum que marca ambos os casos: superlotação, condições degradantes de aprisionamento e grande quantidade de presos provisórios.

Em Manaus, por exemplo, mais de 66% da população prisional é composta por presos provisórios, ou seja, pessoas sem condenação² – em muitos casos nem ao menos foram a julgamento, apesar de presas há meses ou anos. Além do grande percentual de presos provisórios, a unidade palco do recente massacre é marcada pela força de grupos facciosos, pelo "grave quadro de superlotação", além de condições claramente degradantes apontadas em diversos documentos, como no relatório[3] de 2015 do Mecanismo Nacional de Prevenção e Combate à Tortura (MNPCT), ligado ao Ministério da Justiça.

Nos idos de 1992, na Casa de Detenção do Carandiru, em São Paulo, a situação guardava os mesmos problemas estruturais de superlotação e condições degradantes, como documentado na literatura a respeito do complexo.[4] A Pastoral Carcerária da Igreja Católica, que realiza assistência religiosa e humanitária nos cárceres, também documentou em relato do padre Francisco Reardon a situação da Casa de Detenção do Carandiru em relatório produzido logo após o massacre de 1992:[5]

> O Pavilhão 09 está caindo aos pedaços. As galerias, as celas, chuveiros etc. são uma vergonha. Criadores de porcos tratam os bichinhos melhor do que o Estado trata os presos que estão no alojamento. O aspecto físico das acomodações tem uma influência sobre os ânimos dos presos. Se as instalações oferecidas pelo Estado são sujas e não habitáveis, o preso sente na carne que o Estado não dá valor a ele... que é um rejeitado... que todos eles não prestam... conheço o argumento dos tecnocratas do sistema: mas é tudo desconversa. O Estado não

aloca verba para a manutenção do Pavilhão 09, porque simplesmente não quer e porque acha que o preso tem que sofrer mesmo [...].

A respeito da superlotação, os presos não queixam tanto... (mas isso não justifica a política de superlotação). A vasta maioria já vem de miséria lá fora e eles se arrumam com uma solidariedade e criatividade nascidas do instinto e da necessidade de sobreviver e da esperança de conquistar a sua liberdade.

Na época do massacre, a Casa de Detenção do Carandiru tinha 7.257 presos para 3.500 vagas.[6] Só no Pavilhão 9, onde ocorreram as mortes, a lotação era de aproximadamente 2.200 presos, segundo relatório da Pastoral Carcerária.[7] Ou seja, era patente o cenário drástico de superlotação, o qual sem sombra de dúvida caracteriza o sistema prisional brasileiro como um todo.[8]

A condição de presos provisórios também é outro fato marcante no caso do massacre do Carandiru, uma vez que 84 vítimas das 111 eram pessoas ainda não julgadas.[9] Outras características comuns das vítimas é o perfil que caracteriza os presos no sistema penitenciário brasileiro: jovens (menos de 30 anos em sua maioria), baixa escolaridade, baixa renda.[10]

Se em 2017 a disputa entre facções é um dos elementos de análise para se compreender o massacre, no caso do Carandiru há um contexto de violência estatal no início dos anos 1990 sem paralelos na história recente de São Paulo. Em 1992, 1.470 pessoas foram mortas pela Polícia Militar no estado, número que não foi superado até hoje – em 1990, antes da gestão do governador Luiz Antônio Fleury Filho, esse número foi de 585.[11] A entrada da Rota, uma tropa da PM especializada em confrontos armados, na Casa de Detenção para conter a rebelião também foi uma opção política fora do padrão, já que tradicionalmente a intervenção em rebeliões era feita pela tropa de choque, que costuma utilizar armamentos não letais.

Nesse sentido, o ocorrido no Carandiru refletiu a opção pela violência extrema na área de segurança pública por parte do governo da época, fato que gerou grande crítica ao Brasil por parte de órgãos internacionais, além dos questionamentos feitos pela imprensa e sociedade civil. Não por acaso, foram realizadas uma série de mudanças na área de segurança pública, inclusive na gestão do sistema prisional, como, por exemplo, a criação da Secretaria da Administração Penitenciária de São Paulo em 1993 e o consequente crescimento da estrutura dessa secretaria de estado voltada exclusivamente para o sistema prisional, assim como o afastamento gradativo da PM do sistema prisional paulista (embora continue atuando com cada vez menos funções, praticamente reduzidas hoje a auxiliar a SAP nas escoltas de presos para o Fórum, hospitais e transferências).

A SAP, ao longo dos últimos 24 anos, além do aumento de sua estrutura e do número de funcionários, passou a concentrar a grande maioria dos presos de São Paulo,[12] sejam provisórios ou definitivos, expandindo-se através de dezenas de unidades construídas no interior do Estado.[13] Nesses termos, a SAP herdou o problema do enorme déficit de vagas que jamais passou perto de ser solucionado, pois embora o Estado tenha promovido a expansão do número de vagas,[14] não consegue fazer frente ao crescimento ininterrupto do número de presos nas décadas recentes.

De 1990 até 2014 o Brasil viu sua população carcerária aumentar 575%,[15] ao passo que o crescimento populacional geral foi de aproximadamente 36%.[16] Atingimos o patamar de quarto país com maior número de presos, e nossa média de pessoas presas a cada 100 mil habitantes é de 307, mais que o dobro da média mundial, que é de 144[17]. Em São Paulo, estado com o maior número de presos no país, mais de 230 mil, o cenário chama mais atenção, pois a média de pessoas presas a cada 100 mil habitantes é de 497.

Para se ter uma ideia, considerando que os presídios paulistas têm em média 805 vagas, seria necessária a construção de 115 presídios para acabar com a superlotação no estado – e, pela tendência de crescimento anual, rapidamente esses presídios já estariam acima da lotação.[18] Nesse sentido, hoje com o déficit de 93 mil vagas, o estado continua a lidar com um sistema superlotado, oneroso e com presos em condições degradantes.

É nesse cenário problemático, que se agrava a cada ano com o aumento da superlotação, que se desenvolve a gestão do sistema carcerário brasileiro. Mesmo com reformas pontuais ocorridas, as mortes, as torturas, os maus tratos e massacres indicam as tensões de um sistema onde a violência é fator estrutural.

Questionar a forma como o sistema se estrutura só pode ser feito por meio da potência que reside no pensamento crítico, independente e sem amarras. Numa sociedade marcada historicamente por altos índices de violência urbana, onde é constante a sensação de insegurança, dificilmente representantes dos três poderes estão dispostos a discutir a necessidade de políticas de desencarceramento, formas alternativas de punição, atuação nos marcos do direito penal mínimo – reservando o cárcere somente aos casos mais graves, onde há grave violência. Dificilmente classes que pertencem à elite do país discutirão sobre a necessidade de mudança do paradigma do sistema penal quando as vítimas são pobres condenados criminalmente.

O atrelamento do poder institucionalizado aos mecanismos que corroboram com o fenômeno do encarceramento massivo também reflete a incapacidade de se pensar sobre outros problemas criados pela própria dinâmica carcerária, como as facções, os egressos sem quaisquer perspectivas de reinserção no mercado de trabalho, os custos do sistema para a sociedade.

Se a tensão, mortes e fugas parecem sintomas do "caos" no complexo problema do sistema carcerário, para a Pastoral Carcerária isso se enquadra como parte do projeto de sociedade que o Brasil tem construído, como enfatiza a coordenação nacional da instituição em nota recente.[19] Na contramão do discurso reformista, por vezes renomeado de "humanização do cárcere", ou mesmo do discurso que vê soluções por meio do simples incremento em instrumentos de controle, fiscalização ou aumento do rigor punitivo, entre outras facetas do populismo penal, desde 2013 a Pastoral Carcerária, juntamente com outras organizações sociais, vem construindo uma "Agenda Nacional pelo Desencarceramento", com propostas concretas para se buscar caminhos diversos dos que nos levaram aos "Carandirus".

Sobre o autor

Assessor jurídico da Pastoral Carcerária.

Notas

1. *Folha de S.Paulo*, "Justiça de SP fará novo júri dos 74 PMs envolvidos no massacre do Carandiru", 11 abr. 2017.

2. É importante ressaltar que a Constituição Federal de 1988 traz como direito fundamental a presunção de inocência, o que significa que antes do trânsito em julgado da sentença (que ocorre quando não há mais possibilidade de recurso sobre a decisão) a pessoa é considerada inocente. Nesse sentido, a prisão provisória deveria ser uma medida excepcional e a regra, ser julgado em liberdade.

3. Disponível em: <http://www.sdh.gov.br/sobre/participacao-social/sistema-nacional-de-prevencao-e-combate-a-tortura-snpct/mecanismo/Unidades_Prisionais_de_Manaus__AM.pdf>.

4. Drauzio Varela. *Estação Carandiru*. São Paulo: Companhia das Letras, 1999.

5. Pastoral Carcerária Arquidiocese de São Paulo, "Massacre na Casa de Detenção na Sexta-Feira 02 Outubro 1992", 13 out. 1992. Disponível em:. <http://www.massacrecarandiru.org.br/documento/LYXMCdsmdWZ4AQQYv>.

6. *O Estado de S. Paulo*, "1/3 dos presídios tem superlotação igual ao Carandiru", 6 abr. 2017.

7. Ibidem.

8. Vale ressaltar que em 1992 o cenário da Casa de Detenção só não era pior, pois muitos presos provisórios permaneciam presos por longos períodos em carceragens de delegacias da Polícia Civil, nas quais a superlotação em níveis inimagináveis produzia dezenas de imagens que simbolizavam a situação degradante dos presos em São Paulo. O esvaziamento das delegacias só ocorre posteriormente, com a expansão de vagas no sistema penitenciário rumo ao interior do Estado, invertendo progressivamente o número de presos sob responsabilidade da Secretaria da Justiça para Secretaria da Administração Penitenciária (SAP). As carceragens em delegacias também eram criticadas pela insegurança, constantes fugas de presos, vide: Fernando A. Salla. "De Montoro a Lembo: As políticas penitenciárias de São Paulo". *Revista Brasileira de Segurança Pública*, Ano 1, Edição 1, 2007.

9. César Caldeira. "Caso do Carandiru: um estudo sócio jurídico". *Revista Brasileira de Ciências Criminais*, IBCCrim, n.29 (jan.-mar. 2000) e n.30 (abr.-jun. 2000)

10. *O Estado de S. Paulo*, "Julgamento do Carandiru: promotor traça perfil de policiais e vítimas", 19 mar. 2014.

11. Maria Gorete M. de Jesus e Ariadne Natal, "O Carandiru e suas implicações para a Segurança Pública", *Carta Capital*, 6 maio 2013.

12 Hoje, em poucos municípios, os presos provisórios permanecem períodos maiores em carceragens da Polícia Civil, geralmente são logo transferidos para centros de detenção provisória sob responsabilidade da SAP.

13 Rafael Godoi. *Ao redor e através da prisão: cartografias do dispositivo carcerário contemporâneo*. Tese de mestrado, Universidade de São Paulo, 2010.

14 Em São Paulo, por exemplo, de 2000 até 2016 foram criadas 118 novas unidades (SAP), que dá uma média de quase sete unidades por ano e, mesmo assim, o déficit é de 93 mil vagas. Nada mais exemplificativo da inócua política de expansão de vagas que já vigora no país.

15 Depen. *Levantamento nacional de informações penitenciárias – Infopen – junho de 2014*. Brasília: Ministério da Justiça, 2014. Disponível em: <http://goo.gl/rcvRXX>.

16 Cálculo feito com base nos dados do IBGE.

17 Ver: <http://www.prisonstudies.org/highest-to-lowest/prison-population-total>.

18 Há de se ressaltar que, para além do número de vagas, São Paulo também tem enorme déficit no número de funcionários no sistema prisional.

19 Disponível em: <https://www.cebi.org.br/2017/01/23/nota-da-pastoral-carceraria-nao-e-crise-e-projeto/>.

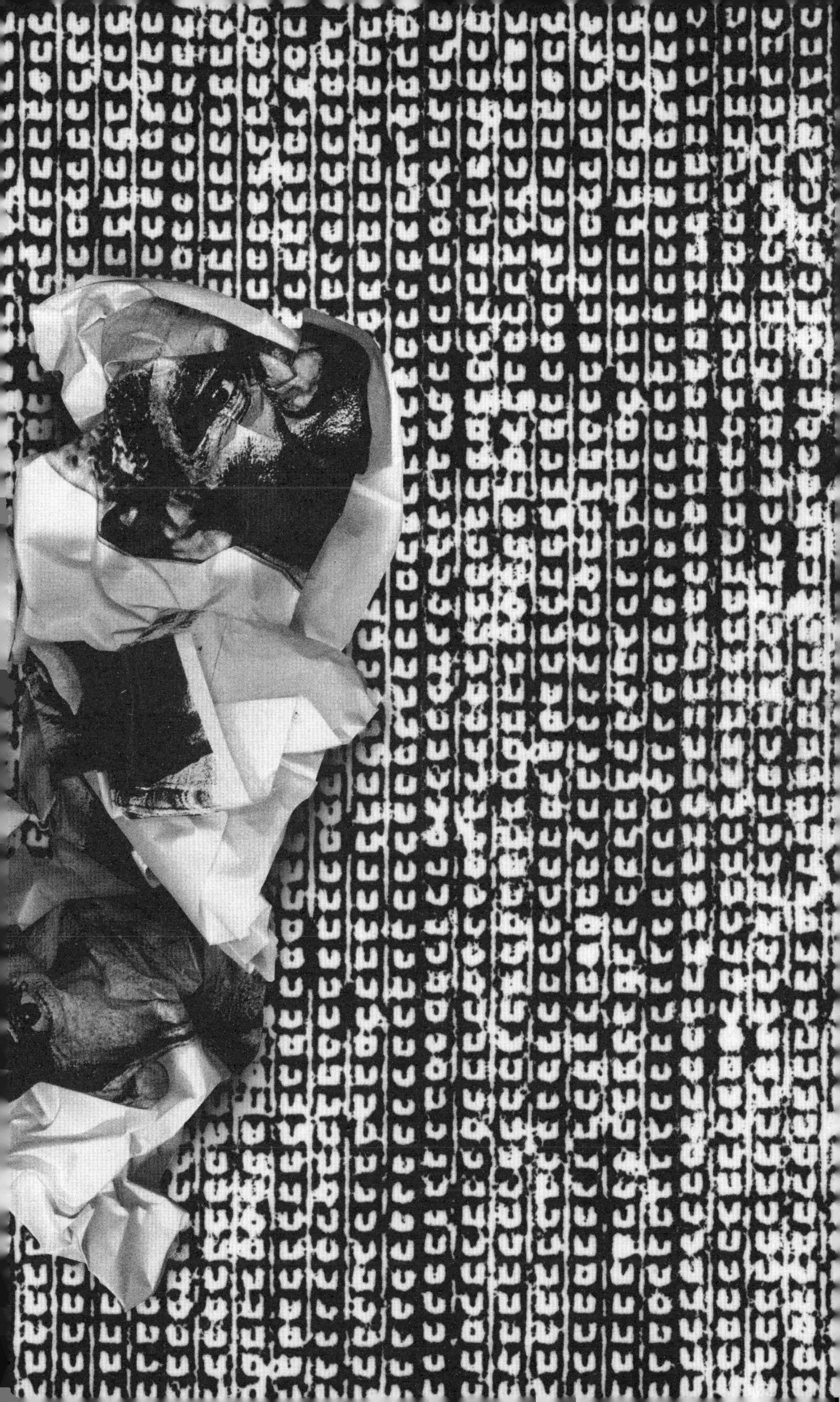

VIDAS MATÁVEIS
Fábio Mallart e Rafael Godoi

Cena 1. 13 de julho de 2012, 22h57, Departamento Estadual de Homicídios e de Proteção à Pessoa (DHPP). Informam os policiais militares, que participavam de uma operação com o propósito de combater o tráfico de drogas na favela X, no Jardim Y, quando, em uma das vielas da favela, se depararam com um indivíduo, posteriormente identificado como sendo XXX, que ao notar a presença dos policiais atirou contra eles, valendo-se de uma pistola 45, numeração raspada, que trazia consigo. Os milicianos revidaram à injusta agressão e atiraram contra o criminoso, que alvejado entrou em óbito, depois de ter sido socorrido ao PS. Sob a guarda do criminoso morto foram encontradas substâncias, que aparentam ser drogas, além de certa quantia em dinheiro, uma folha de papel com anotações diversas e um telefone celular. [...]. Por fim, cabe frisar que XXX já possui **antecedentes criminais** por crimes contra o patrimônio (dano e roubo) e crimes contra a saúde pública (tráfico de entorpecentes).

Autor: XXX – Não presente ao plantão – RG: XXXXX... Natural de S. Paulo – SP – Nacionalidade: Brasileira – Sexo: Masculino – Nascimento: 07/01/1985 27 anos – Estado Civil: Solteiro – Instrução: 1 Grau Completo – Advogado presente ao plantão: Não – Cutis: Parda – Olhos: Castanhos escuros – Tipo de cabelo: Liso – Cor do cabelo: Castanhos escuros – Comprim. do cabelo: Raspado – Altura: 1,85 – Peso: 87,00 – Compleição: Mediana – Vestuário: Cueca samba canção de cor azul – Peculiaridades: **Tatuagem Braço Esquerdo – PALHAÇO.**[1]

Cena 2. 13 de agosto de 2015, 23h09, município de Barueri, região metropolitana de São Paulo. Três homens encapuzados chegam em um carro prata. Com as armas em punho, rendem os clientes de um bar – cerca de dez homens – e os direcionam para o fundo do estabelecimento, fazendo com que estes coloquem as mãos sobre a cabeça. Em seguida, ordenam todos os corpos em fila indiana. Os encapuzados, então, partem para a seleção daqueles que serão executados. Em primeiro lugar, perguntam se alguém possui drogas, questionamento respondido por todos negativamente. Em um segundo momento, questionam se algum dos ali presentes possui *passagem*, critério decisivo na gestão da vida e morte. Após um breve silêncio, dois rapazes respondem positivamente, entre eles, J.P., que possui *antecedentes criminais* por roubo e tentativa de homicídio. Os dois são prontamente destacados do resto do grupo e, em seguida, friamente executados. Os matadores, com calma e tranquilidade, saem do bar atirando e vão embora.

É preciso puxar algumas linhas das cenas descritas. Em relação à Cena 1, vale notar que, apenas entre às 22h30 de 12 de julho de 2012 e às 02h23 de 13 de julho de 2012 – portanto em um período inferior a quatro horas –, as forças policiais, em "confrontos" com supostos criminosos, produziram sete mortos em pontos pulverizados da cidade de São Paulo, sobretudo nas zonas Sul e Norte. Por sua vez, em continuidade ao evento da Cena 2, em um recorte temporal de cerca de três horas e espacial de aproximadamente 15 quilômetros, foram registrados dez ataques de matadores encapuzados, resultando em dezoito cadáveres.[2]

Tais episódios não figuram como exceções. Constituem-se como fatos rotineiros, que evidenciam distintas tecnologias de produção da morte. De um lado, policiais fardados, matando pelos quatro cantos da cidade, cujos registros de ocorrência criminal são classificados como "autos de resistência". De outro, policiais encapuzados e articulados em grupos, produzindo corpos em alta velocidade por regiões periféricas. No ponto de cruzamento entre as duas cenas, os critérios de produção da morte: a passagem pela prisão (antecedentes criminais) e as tatuagens monocromáticas – muitas delas feitas no interior das muralhas –, que representam lógicas de operação do crime, pertencimento a coletivos de criminosos ou mesmo a execução de policiais. Traços que operam como identificação dos futuros cadáveres, mas que também figuram como legitimação das execuções nos "autos de resistência". Como vimos, "cabe frisar que XXX já possui antecedentes criminais por crimes contra o patrimônio (dano e roubo) e crimes contra a saúde pública (tráfico de entorpecentes)". Ademais, no mesmo registro, acrescenta-se: *"Tatuagem Braço Esquerdo – PALHAÇO"*.[3]

De fato, tais procedimentos são típicos. Segundo um relatório do International Human Rights Clinic, de Harvard, em parceria com a ONG Justiça Global, um número expressivo de vítimas com antecedentes criminais figura entre as dezenas de mortos em chacinas e em "confrontos" com a força policial que ocorreram pelo estado de São Paulo, em maio de 2006, durante os "ataques do PCC".[4] O relatório revela que, em alguns casos, momentos antes da morte ou do desaparecimento, a "ficha criminal" da vítima foi consultada por policiais, via rádio; revela ainda que, na seleção dos possíveis mortos, os executores também se valiam das tatuagens monocromáticas.

Para os matadores encapuzados, ou fardados, a passagem pelo sistema de justiça criminal, e mais especificamente, pela prisão, opera como um critério privilegiado de seleção, linha demarcatória entre aqueles que devem morrer e aqueles que ainda podem viver. É por esse motivo que o massacre do Carandiru, acontecimento que completou 25 anos em outubro de 2017, figura como um caso emblemático.

Se pelas ruas da cidade a produção de cadáveres, como vimos nas cenas descritas, se dá em alta velocidade, nesse caso específico, ao menos 111 corpos tombaram ao chão num ritmo aterrorizante. Em cerca de 20 minutos, pelos quatro cantos do pavilhão 9, a máquina policial produziu 15 mortos no primeiro andar, 78 no segundo, 8 no terceiro e 10 no quarto, ou seja, mais de cinco mortos por minuto que, em seus últimos suspiros, encontravam-se desarmados e encurralados em suas celas.[5] Tal execução na extinta Casa de Detenção de São Paulo foi por muito tempo – e em grande medida ainda é – vista por autoridades governamentais e atores do sistema de justiça como decorrente do "estrito cumprimento do dever legal". Como mostram os estudos de Marta Machado e Maíra Machado, da Faculdade de Direito da Fundação Getúlio Vargas,[6] foi com base nesse entendimento que, em 2006, o Tribunal de Justiça de São Paulo (TJ-SP) reformou a decisão do Tribunal do Júri que, em 2001, havia condenado o coronel Ubiratan Guimarães, comandante direto da operação, a mais de seiscentos anos de prisão. Ao identificar contradições na decisão dos jurados, em vez anular e remarcar o julgamento, os desembargadores optaram pela absolvição do réu, numa manobra jurídica no mínimo heterodoxa. Na esteira de tal decisão, nos últimos meses de 2016, a 4ª Câmara do Tribunal de Justiça de São Paulo anulou os julgamentos em que 74 policiais militares foram condenados em primeira instância por envolvimento nas execuções. O relator do processo, o desembargador Ivan Sartori, ex-presidente do TJ-SP, não apenas votou pela anulação, mas também pela absolvição dos réus, em determinado momento afirmando: "não houve massacre, mas uma contenção necessária".[7] Com a anulação, os julgamentos serão refeitos o que, em termos práticos, significa que o processo volta à estaca zero. Soma-se a isso o fato de que a responsabilidade das autoridades administrativas e judiciais diretamente implicadas no caso – por ação ou omissão – nunca foi apurada; as medidas de reparação aos familiares das vítimas são irrisórias; por sua vez, os órgãos de segurança pública e administração penitenciária nem sequer reconhecem que no dia 2 de outubro de 1992 houve um massacre.

É bem verdade que, após esse acontecimento, policiais já não entram nas prisões atirando a esmo, a não ser as tropas militarizadas como o chamado *Choquinho*, que atua nas unidades da Fundação Casa, e o Grupo de Intervenções Rápidas

(GIR), que opera no sistema prisional adulto, e que, entre outros aparatos, mobilizam balas de borracha. Todavia, ainda hoje, a lógica perversa que autoriza e promove o assassinato de pessoas qualificadas como "bandidos" permanece em vigor pelas ruas da cidade. Não pode ser outra a constatação diante das imagens de policiais abordando suspeitos, executando-os e, em seguida, forjando a cena de um suposto "confronto", como em novembro de 2012, no Campo Limpo, e em setembro de 2015, no Butantã. O uso deliberado, excessivo e desproporcional de força letal caracteriza o modo de operação da Polícia Militar, como mostram as cenas exibidas ao vivo, em junho de 2015, na Rede Record e na TV Bandeirantes, de um policial desferindo seguidos disparos em dois suspeitos rendidos e desarmados, caídos ao chão, após perseguição. Não se trata, portanto, de despreparo das forças policiais que, nessa chave, deveriam ser reformadas, aprimoradas e capacitadas, mas, sim, de um extremo preparo – taticamente formulado, testado e legitimado – para a produção da morte daqueles que são considerados os indesejáveis e perigosos. Ressalta-se ainda as ressonâncias que esse modo de operação encontra nos veículos da grande imprensa – mas também em parte da população – cujas execuções são justificadas pela lógica do *tinha passagem* ou do *quem não reagiu está vivo*. São múltiplos os discursos que fortalecem a visão do "bandido" e, em particular, do "ex-presidiário", como figuras preferencialmente matáveis. Na grande imprensa, quando se noticia que a polícia matou um suspeito, logo se justifica o ato evocando os antecedentes criminais do cadáver; ou, pelo contrário, mas com semelhante efeito, quando se noticia que a polícia matou um "inocente", um "trabalhador", condena-se o fato dela não ter executado um "bandido". Nesse sentido, constata-se – em carne e sangue – uma das dimensões de produtividade do dispositivo carcerário contemporâneo: a produção de vidas matáveis.

Se fora da prisão – mas sem se desvincular dela – a gestão da vida e da morte, baseada no critério do *tinha passagem*, bem como nas tatuagens, pode se efetuar em questão de segundos, dentro das muralhas institucionais essa mesma gestão – pouco a pouco, dia após dia – se dá de maneira lenta, dolorosa e gradual. Ritmos e intensidades variados, mas que têm como ponto de conexão a *passagem pelo sistema*. Ora, do início ao fim, a trajetória do sujeito pelas instâncias da lei e da ordem também se constitui no limiar entre a vida e a morte, a começar pelo ato da prisão, no qual as arbitrariedades, as torturas e as extorsões são práticas rotineiras das forças policiais. Enquanto aguardam julgamento, os presos provisórios são confinados por meses – às vezes anos – nas celas mais superlotadas do sistema: no Centro de Detenção Provisória da Vila Independência, por exemplo, localizado na zona leste da capital paulista, em janeiro de 2016, segundo dados da própria Secretaria de Administração Penitenciária, eram 2.671 presos para 828 vagas; no CDP de Pinheiros III, 1.582 detentos para 572 vagas; por sua vez, no Centro de Detenção Provisória de Guarulhos I, 2.533 corpos em um local que, em tese, cabem apenas 844 pessoas. Muitos deles, quando condenados, já terão cumprido as suas penas. Há outros que após a condenação receberão penas alternativas, logo, não restritivas de liberdade, o que aponta para uma evidente incoerência processual.

Durante o período de encarceramento, marcado pela superlotação, o Estado não fornece vestuário completo, itens básicos de higiene pessoal e muito menos produtos de limpeza. O ócio é praticamente obrigatório, uma vez que o acesso ao estudo e ao trabalho é muito restrito. Quando há trabalho, visto pela administração prisional como um prêmio, este se caracteriza pelo salário irrisório, pelas condições insalubres e por atividades mecânicas como, por exemplo, a confecção de bolas, que não oferecem horizonte após as grades. Dados compilados pelo Departamento Penitenciário Nacional (Depen) mostram que, em dezembro de 2012, menos de 25% da população carcerária do estado de São Paulo estava envolvida em atividades de trabalho.

Em São Paulo, ademais, a alocação preferencial das penitenciárias em regiões distantes do interior do estado, o chamado *fundão*, dificulta a manutenção de vínculos entre os presos e seus familiares, geralmente habitantes de áreas pobres e periféricas dos maiores centros urbanos. A Penitenciária de Lucélia, por exemplo, localizada na região da Nova Alta Paulista, a cerca de 600 km da capital, é um exemplo paradigmático. Além do deslocamento até a cidade, há um percurso, em meio aos pastos, às chácaras e à paisagem rural, que torna o acesso muito restrito. Já para presos e presas, os inúmeros deslocamentos pelo estado, sejam para as audiências judiciais ou mesmo para hospitais e transferências, são realizados em caminhões conhecidos como *bondes*, verdadeiras máquinas de tortura. São comuns os relatos de que tais veículos são estacionados, por horas e horas, debaixo do sol, procedimento conhecido como micro--ondas em razão das altas temperaturas. Soma-se a isso as narrativas de que bombas de gás lacrimogênio são lançadas junto aos presos, em trajetos que podem durar até dez horas.

Ora, todos e cada um desses fatores fazem da prisão um espaço de morte em vida.

A produtividade da prisão: vida matável, morte em vida e morte mesmo. Nao se pode olvidar que o ambiente prisional adoece o corpo e a alma. A saúde de ninguém passa ilesa pelas péssimas condições de alimentação, pelo frio ou calor extremo que emanam do concreto conforme a estação, pelos anos a fio dormindo no chão. Além disso, contágios de tuberculose, doenças de pele, hepatite etc., são frequentes e especialmente agudos em prisões sempre superlotadas. O quadro se complica ainda mais quando num espaço que leva ao adoecimento, a assistência médica é praticamente inexistente. Como dizem os presos: "se você tem dor de barriga, te dão paracetamol, se você tá vomitando, te dão paracetamol, pra tudo te dão paracetamol". A escassez de médicos, enfermeiros, remédios e leitos adequados provoca em quem adoece na prisão um efeito que é quase o do homicídio doloso, e quando se considera as dimensões do sistema penitenciário, esse homicídio assume as proporções de um verdadeiro massacre, ainda que de forma mais lenta, gradual e imperceptível. Não há uma unidade, um raio sequer no sistema prisional nos dias que correm em que não haja um ou vários doentes graves aguardando há meses por um exame, uma consulta, um remédio, um médico, um tratamento, uma cirurgia. Feridas abertas e mal curadas, balas alojadas que remetem, assim como dentes partidos e costelas quebradas, à apreensão pelas forças policiais, surtos de tuberculose e sífilis, fraturas, tumores, dores das mais variadas intensidades sem diagnóstico. Situações que transformam doenças leves em quadros graves, longas esperas em óbitos, os quais emergem dos documentos da Secretaria de Administração Penitenciária (SAP) sem rosto, sem nome e sem história. Apenas para se ter uma ideia da magnitude do número de mortes no sistema prisional paulista, em 2014, 482 homens e mulheres faleceram em unidades prisionais do estado, efeito da própria mecânica de operação da máquina carcerária em sua figuração contemporânea.[8] Eis o circuito perverso onde se cogita inserir ainda mais cedo amplas parcelas da juventude negra, pobre e periférica, ao se propor a redução da maioridade penal, ou mesmo quando se anuncia o fechamento de inúmeras escolas públicas – paralelamente à expansão de unidades prisionais. Com efeito, o encarceramento vem se constituindo nos últimos anos não só como uma das políticas públicas mais constantes de nossos tempos, mas também como ponto de convergência e indistinção entre forças político-partidárias que se digladiam em outras tantas esferas do poder, linha de força que conecta quadros de esquerda, centro e direita, movimentos sociais e ONGs, muitos dos quais tendo como horizonte de suas lutas por justiça a prisão. Eis o aparato de produção de sofrimento que legisladores e interesses escusos pretendem converter em fonte de lucro privado, com propostas de privatização e de parceria público-privada (PPP). Eis o produto de cada decisão e trâmite de um sistema de justiça nobiliárquico ocupado com a elevação de seus rendimentos e que, seja por ação ou por omissão, acaba por constituir-se como engrenagem da mecânica de produção de mortes.

    A reversão desse estado de coisas se mostra tão difícil quanto necessária. Outras formas de promover segurança, resolver conflitos e fazer justiça devem ser promovidas e, no limite, construídas. Mesmo nos Estados Unidos, paradigma do encarceramento massivo, as estratégias de "guerra ao crime" e "guerra às drogas" vêm sendo colocadas em xeque. No Brasil, por mais que sejam incipientes, movimentos sociais e forças da sociedade civil organizada já se articulam nesse sentido. Em 2014, entidades como a Pastoral Carcerária, a Pastoral da Juventude, a Associação Nacional dos Defensores Públicos Federais (Anadef) e movimentos como as Mães de Maio, entre outros coletivos, lançaram a "Agenda Nacional pelo Desencarceramento".[9] Nesse documento figura um conjunto de propostas que visa frear o processo inflacionário do sistema prisional, bem como deter o círculo vicioso que articula prisão e letalidade. Dentre as propostas, destaca-se: 1) a suspensão de qualquer verba destinada à construção de novas unidades prisionais; 2) a construção de um plano de redução da população prisional e dos danos causados pela prisão, que implique igualmente os poderes Executivo, Legislativo e Judiciário; 3) a máxima limitação da aplicação de prisões cautelares; 4) a descriminalização do uso e comércio de drogas; 5) a abertura dos cárceres, das esferas de governo e dos órgãos de segurança e justiça ao monitoramento externo, independente e popular; e 6) a desmilitarização das polícias e da gestão pública.

Em tempos de incerteza, de instabilidade institucional, do desmanche que vem sendo imposto à pesquisa científica, de "novos-velhos" massacres em presídios e de investidas, cada vez mais mortíferas, contra o povo pobre, negro e periférico, e tudo isso na esteira do recente golpe parlamentar, não basta se limitar à lógica do "mal menor".

Os textos que compõem este livro,[10] nessa chave, não têm relevância apenas pelos conteúdos que encerram, mas, sobretudo, pelo fato de que se acoplam com outras tantas frentes de combate, para as quais a recusa do intolerável e a afirmação de um outro horizonte de possibilidades figuram como peças estratégicas.

Sobre os autores

Respectivamente, mestre em Antropologia, doutorando em Sociologia pela USP (bolsista Fapesp) e autor do livro *Cadeias dominadas: a Fundação Casa, suas dinâmicas e as trajetórias de jovens internos* (Ed. Terceiro Nome/Fapesp, 2014); e pós-doutorando em Sociologia pela USP. Ambos são agentes da Pastoral Carcerária e integrantes do Projeto Temático Fapesp: "A gestão do conflito na produção da cidade contemporânea: a experiência paulista", sob coordenação da professora doutora Vera Telles. Versão atualizada de artigo publicado pelo *Le Monde Diplomatique Brasil* em novembro de 2015.

Notas

1 O trecho descrito acima refere-se a um Boletim de Ocorrência produzido em julho de 2012, ano em que ocorreram sucessivos "confrontos" e execuções pela cidade, envolvendo o chamado "crime organizado" e as forças policiais. Apenas para se ter uma ideia da magnitude de tais eventos, em duas semanas, 142 pessoas foram mortas na Grande São Paulo (*Folha de S.Paulo*, "Em 2 semanas, 142 pessoas foram mortas na Grande SP", 10 nov. 2012). Tais confrontos, em tese, tiveram como ponto de partida uma ação da Rota (Grupo de Elite da Polícia Militar), na qual oito suspeitos de integrar o PCC foram mortos. Ressalta-se que o auto de resistência acima soma-se a muitos outros, material disponibilizado pela Defensoria Pública e que está sendo analisado conjuntamente com Carolina Grillo, Juliana Tonche, Paula Pagliari e Thiago Oliveira, no âmbito do Projeto Temático Fapesp já citado em "Sobre os autores".

2 G1, "Chacina em Osasco e Barueri: veja o que se sabe e o que falta esclarecer", 20 ago. 2015.

3 Basta transitar por unidades de internação para adolescentes ou mesmo pelas prisões para constatar a presença dessas tatuagens. Caveiras, fuzis, magos, serpentes, artigos do Código Penal (157, por exemplo), expressões como *Amor só de mãe* e, inclusive, menções ao PCC (15.3.3; Yin Yang; PJL). Nas unidades da Fundação Casa, os palhaços (homicidas ou assaltantes, por exemplo) eram uma das preferências dos adolescentes. Além disso, também era recorrente o desenho em que cinco pontos pretos são cravados em uma das mãos. A disposição de tais pontos, um no meio e quatro em volta, segundo alguns adolescentes, significava que quatro *ladrões* estavam prestes a matar um policial. Vale salientar

que esse procedimento de identificação dos *ladrões* por meio de tais imagens também é utilizado pelas forças policiais de outros estados. Na Bahia, em 2012, foi publicada uma cartilha produzida por um policial militar sobre o significado de tatuagens que remetem ao universo do crime, material, segundo o próprio policial, usado pela PM no combate à violência. Agradecemos à Luiz Lourenço, professor da UFBA, por repassar o material.

4   IHRC-International Human Rights Clinic; Justiça Global. "São Paulo sob achaque: corrupção, crime organizado e violência institucional em maio de 2006". São Paulo: Human Rights Program at Harward School e Justiça Global Brasil, 2011.

5   El País, "Justiça de São Paulo anula julgamentos de PMs pelo massacre do Carandiru", 30 set. 2016.

6   Maíra R. Machado; Marta R. A. Machado (orgs.). *Carandiru não é coisa do passado: um balanço sobre os processos, as instituições e as narrativas 23 anos após o massacre*. São Paulo: FGV, 2015.

7   *O Globo*, "Justiça de SP anula julgamento de PMs condenados por massacre do Carandiru", 27 set. 2016.

8   Informações de um ofício emitido pela SAP (Ofício SAP, número 1458/2015).

9   Agenda completa está disponível em: <http://carceraria.org.br/agenda-pelo-desencarceramento.html>.

10 Neste livro, atualizamos e expandimos o dossiê "Prisões: a barbárie contemporânea", publicado no *Le Monde Diplomatique Brasil*, entre novembro de 2015 e março de 2016. Agradecemos a Luís Brasilino e Cristiano Navarro Peres pela parceria e suporte no decorrer de todo o processo.

A GRANDE NARRATIVA DO NORTE: CONSIDERAÇÕES NA FRONTEIRA ENTRE CRIME E ESTADO

Fabio Magalhães Candotti, Flávia Melo da Cunha e Ítalo Barbosa Lima Siqueira

No fim da tarde do primeiro dia de 2017, muitos moradores de Manaus receberam, em seus celulares, mensagens informando vagamente que algo de muito preocupante acontecia *na cidade*. "A rua tá o foda-se. Evitem sair de casa. No presídio tem um monte de gente morta. O PCC tá em guerra com a FDN. Não tem quase polícia rodando na rua." Era a mensagem de um policial. Imediatamente, alimentamos a rede com avisos e perguntas. Cerca de duas horas depois, e de dezenas de mensagens trocadas, chegava mais uma: "Fuga, rebelião no Compaj. Pelo menos 100 foram mortos. PCC eliminado". Era o início de uma avalanche de informações que invadiu rádios, televisores, computadores e celulares nas três primeiras semanas de janeiro.

Para além da interminável sequência de notícias e opiniões de especialistas que pareciam ter acabado de descobrir o Amazonas e sua realidade prisional, o que houve foi a intensificação e amplificação, num curtíssimo período de tempo, da circulação de informações sobre a "criminalidade" em Manaus. Coroada com a comercialização de um DVD com vídeos do massacre, essa avalanche ajudou a reproduzir uma narrativa que não nasceu em 1º de janeiro e que só nos ajuda a explicar o "massacre do Compaj" se entendermos que ela faz parte da maquinaria que tornou possível esse acontecimento.

LOMBROU!
Era mais um dia de visita no Complexo Penitenciário Anísio Jobim (Compaj). Por volta das 7h10 da manhã ouviu-se um grito no Pavilhão 5: "lombrou!". Após o sinal, alguns presos tomaram agentes penitenciários como escudo humano, exibindo-os para a guarda policial no pátio. Outro grupo se dirigiu ao guarda-volumes da unidade e matou um agente com oito tiros. O portão de acesso ao "Seguro" foi arrombado e doze presos foram mortos. Quatro conseguiram fugir para o telhado e outros três foram poupados. A cadeia foi tomada e parecia que nada poderia ser feito pelos reféns, que imploravam pela vida. Foi um sábado infernal. O calendário marcava 25 de maio de 2002.

Um jornal informou que havia "pelo menos dois detentos" que eram "parte de organizações criminosas de expressão nacional", sendo um do Primeiro Comando da Capital (PCC) e outro do Comando Vermelho (CV). A imprensa rival foi mais impactante: "plano arquitetado pelos membros do PCC ou apenas vingança pela morte de um companheiro. Essas são as duas alternativas investigadas".

Para outra narrativa, talvez menos glamourosa, o estopim da "lombra" foi mesmo "apenas vingança" à execução de um detento, espancado até a morte um dia antes após ter feito uma enfermeira refém com uma arma de papelão. O condenado, prestigiado entre a população carcerária, sofria de problemas mentais e sua morte foi considerada uma covardia.

A negociação com o sistema foi mediada por um assaltante de banco, recém-transferido para o Amazonas, estado onde nasceu. Identificado como "membro do PCC", ele negociou a rendição dos "xerifes" e exigiu a sua própria ida para um quartel da PM. Em 2011, já "fora do PCC", foi testemunha de acusação no julgamento que sentenciou a 120 anos de prisão um dos "xerifes" da "lombra" de 2002. Um ano depois, quando ainda cumpria o semiaberto, foi executado a tiros na feira de artesanato mais importante da cidade, onde desmontava o *stand* da empresa da qual era sócio. Os jornalistas não esqueceram seu "testemunho", tampouco a identidade do "xerife" delatado, na época preso em Fortaleza. Sua morte, então, virou mais um provável "acerto de contas do tráfico".

Anos depois, as notícias de sua morte entraram na lista das suspeitas que recaem sobre o tal "xerife", agora identificado como um dos "chefes" da Família do Norte (FDN). Mas pouca ou nenhuma importância foi dada à carreira de "cagueta" do assaltante-empresário. Em 1999, quando cumpria pena em Alagoas, havia denunciando o "envolvimento" de autoridades públicas e de políticos alagoanos com "práticas criminosas" à CPI do Narcotráfico da Câmara Federal.[1] Em 2008, foi testemunha na CPI do Sistema Carcerário da Assembleia Legislativa do Estado do Amazonas. Enfim, era um homem de muitos inimigos, dentro e fora do Amazonas, dentro e fora dos presídios, no "crime" e no "Estado". Como se vê, as linhas traçadas pela trajetória de *um único* "preso", que atravessaram a história de uma rebelião, complicam, facilmente, a narrativa que procura enquadrá-la, e expõem a sua arbitrariedade. Muito se especulou sobre a morte do delator e, certamente, muitas informações não circularam nos jornais ou em relatórios de CPI. Não queremos nos lançar nesse mesmo mar de conjecturas, mas problematizar a insistência de uma mesma e grande narrativa.

A GRANDE NARRATIVA

Nos anos seguintes, as prisões amazonenses seguiram em ritmo de "lombra". Em junho de 2003, a recém-criada Unidade Penitenciária do Puraquequara (UPP) viveu suas duas primeiras rebeliões. Em janeiro de 2004, mais duas rebeliões, uma delas no Compaj. O que reivindicavam? O "de sempre": revisão de processos, transferências e condições dignas de cumprimento da pena. Pediam também a demissão de autoridades e o fim da gestão privada recentemente colocada em prática.[2] Feitos de reféns e enterrando um colega, os agentes penitenciários, funcionários concursados, seguiam sendo acusados como responsáveis pela falência do sistema, ora pela corrupção, ora pela violência.

Eram, certamente, tempos difíceis, dentro e fora das prisões. Mas, para presos e não presos, os primeiros anos da década passada eram, definitivamente, outros tempos. Naquela época, em Manaus, nem o "galeroso" era associado ao "tráfico de drogas"; nem os comerciantes varejistas de drogas ilícitas ao "crime organizado"; nem as mortes de jovens a "acertos de contas"; nem as rebeliões às estratégias de "facções". As transformações que nos conduziram à situação atual – na qual todas essas associações soam como naturais e os homicídios de jovens são muito mais comuns[3] – não são simples de serem analisadas.

O certo é que, entre 2002 e 2016, a população de Manaus cresceu cerca de 40% e o Amazonas tornou-se o território de uma série inédita de políticas de educação, saúde, moradia e transferência de renda, inimagináveis nos anos 1990. Os recursos para a Segurança Pública aumentaram em 250%[4] e foram investidos em contratação e formação de policiais, sistemas de informação, delegacias de polícia, armas, veículos e programas de policiamento "comunitário". O sistema penitenciário recebeu mais verbas, ampliou o número de presídios e privatizou a gestão dos mais importantes.[5] As fronteiras foram objeto de políticas e "operações" integradas entre agências de segurança pública e defesa.

Foi exatamente – e curiosamente – durante os mesmos anos desses volumosos investimentos em políticas públicas que o "crime organizado" se tornou a personagem e o inimigo principal dos discursos da segurança pública amazonense. Com isso, o "narcotraficante" emerge como sujeito poderoso, com grandes recursos para "dominar" as prisões, "recrutar" jovens, "corromper" agentes públicos e atravessar as fronteiras nacionais.

Traçando algumas linhas presentes em histórias contadas pela justiça e pelo jornalismo amazonenses, e agora reproduzidas por especialistas, é possível reconstruir uma grande narrativa:

A Família do Norte surge como uma transformação do Primeiro Comando do Norte (PCN), cujas origens remetem a alianças feitas por volta de 2008 entre alguns poucos traficantes. O PCN, provavelmente, atuou ao lado do PCC por alguns anos. Mas a FDN pode também ter surgido pela fusão, em 2012, com a Amigos do Amazonas (ADA), uma organização descoberta pela polícia em 2003.[6] Seja por transformação ou por fusão, a FDN é um desdobramento do fim de uma aliança entre o PCN e o PCC local e teria criado uma espécie de "consórcio" entre alguns criminosos de Manaus para garantir o monopólio do tráfico de drogas na cidade e das rotas comerciais que permitem levar essas mercadorias dos produtores, na Colômbia e no Peru, ao mercado externo. Curiosamente, ela nasce reivindicando uma aliança com o CV, organização que em 2013 completaria vinte anos de boas relações com o PCC.

No interior das prisões, a nova organização passa a disputar o domínio da população carcerária. Assim, não por acaso, em 2013, ocorre uma sequência de rebeliões. Em 17 de fevereiro, onze presos ligados ao PCC tentam fugir da UPP; não conseguem e um deles é morto. Três dias depois, na mesma penitenciária, vem a rebelião: os mesmos presos e ainda outros reivindicam transferência para outra unidade. Em 2 de março, 42 presos de um Pavilhão da FDN fogem do Compaj e causam a demissão do Secretário de Justiça e Direitos Humanos. Três dias depois, na ala feminina do mesmo presídio, mais uma pequena rebelião com duas agentes penitenciárias tomadas como reféns.

Em 9 de julho de 2013, os presos do Pavilhão C do Instituto Penal Antônio Trindade (Ipat), dominado pelo PCC, se rebelam para reivindicar a sua permanência na unidade, a não transferência de alguns para presídios federais, além do deslocamento de outros da mesma organização para lá. No meio da negociação, 172 presos, dessa vez ligados à FDN, fogem pelos fundos do presídio. Em 24 de agosto, o Pavilhão C volta a se rebelar, reivindicando não somente a transferência de presos de outras unidades como a retirada dos presos dos demais pavilhões, que seriam da FDN. A ação surte o efeito contrário: as autoridades transferem 108 pessoas do Pavilhão C para os "seguros" de outras unidades. Logo após a chegada na UPP, um dos chefes do PCC é assassinado.

As rebeliões, fugas, prisões, transferências e mortes continuaram ao longo dos anos seguintes, mas agora acompanhadas de perto por operações policiais, estaduais e federais, nas ruas e nas fronteiras nacionais. Mesmo assim, a FDN se expandiu no interior e para fora do estado. Em 2016, PCC e CV entram em guerra num presídio de Roraima. Nos últimos meses do ano, a disputa no Amazonas ganha força com o fim da velha aliança entre as organizações do Sudeste.

A cada novo acontecimento, a justiça, o jornalismo e seus especialistas montam e remontam esse mosaico onde os fatos, seus encadeamentos, protagonistas e motivações nem sempre são os mesmos, mas a intriga permanece: "traficantes" – sempre homens – montam e comandam grandes "organizações criminosas" – compostas por homens – que ora se aliam, ora concorrem violentamente entre si pelo mercado da droga; e, quando são presos, impõem abertamente seu domínio e terror sobre o cotidiano do sistema penitenciário; ao fim, essas "lideranças" e suas "organizações" disputam com o Estado o monopólio da violência dentro e fora das prisões.

Não se trata, pois, de discutir se essa intriga é ou não verdadeira.⁷ Importa que, como qualquer discurso, ela serve de apoio para ações concretas e produz efeitos reais. Assim, *o modo como essa grande narrativa se faz verdadeira* justifica um conjunto bastante conhecido de soluções autoritárias de Estado para "combater" o "crime organizado" e o "tráfico de drogas". Via de regra, essas ações se reduzem à reforma--ampliação do sistema carcerário e ao aumento da "produtividade" policial nas ruas. E, quando se trata da região Norte, preocupam-se fundamentalmente com o "desafio" da "ocupação" da Amazônia, considerada uma gigantesca e desprotegida "faixa de fronteira".

A reiteração dessas estratégias, que se alimentam de seu próprio fracasso, reproduz uma política masculinizada que colabora, junto a outros processos, para a exposição permanente de homens e mulheres – presos, agentes penitenciários, policiais, populações "periféricas" e transfronteiriças – a situações de suspeição legal e de morte. Se quisermos construir outro tipo de intervenção política, o primeiro passo é recusar a grande narrativa. A começar pela recusa de seus termos.

UMA OUTRA ZONA DE FRONTEIRA
No terceiro dia de 2017, enquanto o governador do Amazonas e o ministro da Justiça se reuniam numa "coletiva de imprensa" para garantir que "o Estado" estava no controle da situação, pelas redes sociais multiplicavam-se mensagens sobre o encontro do "governador da FDN" com o "ministro do PCC". Tanto no discurso das "autoridades" quanto no discurso contra elas, à direita e à esquerda, reafirmava-se crença única de

que o "Estado" e o "crime" são duas organizações hierarquizadas e centralizadas que, como dois sujeitos políticos, concorrem entre si pelo domínio de territórios e pelo monopólio da violência. Disso decorre a necessidade de manter o "Estado" separado do "crime organizado". Muito mais do que qualquer massacre, é justamente a aparição de "negociações" entre esses dois sujeitos – que afinal guardam entre si uma certa simetria – o maior objeto de escândalo e denúncia.[8]

Ocorre que, nem o "crime organizado" dá conta do que é o *crime* em sua amplitude e nem "o Estado" oferece uma imagem capaz de descrever a enorme diversidade de dispositivos de poder que são acionados *em nome do Estado*. Para escapar desses conceitos e elaborar outras narrativas que não alimentem as velhas soluções autoritárias, é necessário levar a sério o ponto de vista de presos, policiais, agentes penitenciários, comerciantes de mercadorias ilícitas e tantos outros homens e mulheres, imersos nesse universo de relações e que aparecem como "coadjuvantes" sob constante suspeição. E é preciso fazê-lo sem recair na vitimização ou na tentação de determinar a legalidade ou a ilegalidade que supostamente caberia a cada um.

No Amazonas, esse exercício de pensamento permite ver o mesmo que outros estudos feitos em outros lugares do país.[9] O *crime* é um "movimento" feito de outros tantos movimentos nos quais vão sendo tramadas, à base de negociações inconstantes, redes instáveis de relações pessoais. Ele atravessa territórios, define e redefine amizades e inimizades, relações de respeito, razões para vinganças, e interpela, inclusive, pessoas que nunca desejaram "se envolver" nele e que vivem tentando contorná-lo. São redes que, certamente, sofrem processos de hierarquização e agrupamento, forjando "coletivos" – como a FDN e o PCC; mas estes são geralmente frágeis e sempre refeitos – às vezes em função de dinheiro, quase sempre em função de "considerações" de uns sobre ações, palavras, ideias e "caminhadas" de outros. Do mesmo modo, aquilo que é nomeado por "Estado" – em qualquer lugar do mundo – é *feito* de/por muitas redes que conformam dispositivos e agências de poder extremamente diversos entre si, com alto grau de independência, muitos conflitos e colaborações imprevistas. São redes feitas de carne e osso, situadas no tempo e no espaço, que operam em um jogo entre as hierarquias dos regulamentos oficiais e outras sobre as quais nenhum texto pode legislar. Enfim, "o Estado" é feito cotidianamente à base de negociações que definem e redefinem a todo momento as fronteiras entre o legal e o ilegal, o formal e o informal, o lícito e o ilícito, o moral e o imoral.

Com essas definições, não se quer negar a responsabilidade e o poder de indivíduos que agem *em nome* do "crime" ou do "Estado". Trata-se de chamar a atenção para a existência, no Norte ou em qualquer outra "região" do Brasil, de uma gigantesca zona de fronteira que não se confunde com as fronteiras nacionais e na qual a miríade de dispositivos que *fazem o Estado* se misturam aos mil movimentos que *fazem o crime*. Nessa fronteira, as vidas de indivíduos e coletivos não são definidas simplesmente pelo pertencimento ao Estado ou ao crime. E isso vale para nós, pesquisadores e especialistas. Se é nesse lugar – nada cômodo – que precisamos estar para pensar e enfrentar o que vem por aí, é imprescindível encarar a pluralidade de posições e versões sobre os "direitos humanos".

É o que percebemos ao contrastar pontos de vista que são obrigados a dialogar diariamente nas prisões. Para agentes penitenciários, os "direitos humanos" podem ser um conjunto de proibições muito específicas, nem sempre escritas, que "chegam" de fora – ainda que como ordens internas à justiça estatal – e que implicam numa perda de "poder" e "respeito" diante de presos. Algo que, contudo, não modifica a maneira como são vistos "pela sociedade": como sujeitos de "corrupção" e de "violência".[10] Para quem está preso, *pode ser* que "direitos humanos" nomeie as iniciativas – nesse caso, externas à justiça estatal – contra a "opressão carcerária", que *podem* incluir os esforços de familiares, da Pastoral Carcerária e de "facções" para que a Lei de Execução Penal seja cumprida. Mas *pode ser* que nomeie, ainda, lutas que não se reduzem ao cotidiano prisional e que apontam na direção das "injustiças sociais".[11]

Nessa zona de fronteira, também os "direitos humanos" não pertencem ao Estado – e nem ao crime. Não se reduzem a um regulamento com pretensões universais, nem a "direitos para bandidos", mesmo que envolvam questões sobre "justiça", "respeito", "violência", "opressão" e "liberdade". Quais devem ser, então, nossos lugares de fala enquanto pesquisadores e especialistas? Se quisermos pensar e atuar nessa fronteira, e sobreviver a ela, precisaremos responder a essa pergunta.

Sobre os autores

Respectivamente, professor de Sociologia da Universidade Federal do Amazonas, doutoranda em Antropologia da Universidade de São Paulo e doutorando em Sociologia da Universidade Federal do Ceará. Os três são pesquisadores do grupo de pesquisa Ilhargas – Cidades, Políticas e Saberes na Amazônia. Versão atualizada de artigo publicado pelo *Le Monde Diplomatique Brasil* em fevereiro de 2017.

Notas

1 Relatório da Comissão Parlamentar de Inquérito destinada a investigar o avanço e a impunidade do narcotráfico. Câmara Federal de Deputados, Brasília, 2000.

2 II Relatório Nacional sobre os Direitos Humanos no Brasil 2002-2005. Núcleo de Estudos da Violência. Universidade de São Paulo, São Paulo, 2006.

3 Julio Jacobo Waiselfisz. *Mapa da violência: os jovens do Brasil*. Brasília, 2014. Disponível em: <http://www.mapadaviolencia.org.br/mapa2014_jovens.php>.

4 Para esse cálculo, comparar o 1º e o 10º Anuário Brasileiro de Segurança Pública publicados pelo Fórum Brasileiro de Segurança Pública em 2007 e 2016, respectivamente.

5 Sobre o sistema penitenciário amazonense, ver: Ítalo B. L. Siqueira. *Aqui ninguém fala, escuta ou vê. Relatos sobre o cotidiano profissional dos agentes de segurança penitenciária em Manaus*. Dissertação de mestrado em Sociologia. Universidade Federal do Amazonas, Manaus, 2016.

6 Especificamente sobre esse dado, ver: Emília F. C. Moreira. *Análise da influência do tráfico de drogas nos homicídios dolosos em Manaus*. Dissertação de mestrado, Programa de Pós-Graduação em Segurança Pública, Cidadania e Direitos Humanos, Universidade do Estado do Amazonas, Manaus, 2014.

7 Afinal, para quem acredita nessa narrativa, o "massacre no Compaj" era um acontecimento previsível e, portanto, poderia ter sido evitado por uma simples e óbvia intervenção estatal: a separação de presos de diferentes "facções" em diferentes presídios. Mas não seria muita pretensão acreditar que um acontecimento tão singular na história do sistema carcerário brasileiro pode ser explicado do mesmo modo como tantos outros acontecimentos, ou seja, em função da disputa por dinheiro e pela presença ou ausência do "Estado"?

8 Não por acaso, o recurso jurídico ao conceito de "crime organizado" chama justamente a atenção para atividades "criminosas" que se sustentam na "corrupção" do Estado. Cf. nota de rodapé 1.

9 Sobre o ponto de vista de presos, ver: Rafael Godoi. *Fluxos em cadeia: as prisões em São Paulo na virada dos tempos*. Tese de doutorado em Sociologia, Universidade de São Paulo, 2015; Adalton Marques. *Crime e proceder: um experimento antropológico*. São Paulo: Alameda, 2015; Karina Biondi. *Junto e misturado: uma etnografia do PCC*. São Paulo: Terceiro Nome, 2010. Sobre o ponto de vista de agentes penitenciários, ver: Siqueira, op. cit. Sobre o ponto de vista de comerciantes de mercadorias ilícitas, ver: Daniel V. Hirata, *Sobreviver na adversidade: entre o mercado e a vida*. Tese de doutorado em Sociologia, Universidade de São Paulo, 2010. Sobre o ponto de vista de policiais, ver: Guaracy Mingardi. *Tiras, gansos e trutas: cotidiano e reforma na polícia civil*. São Paulo: Página Aberta, 1992.

10 Cf. Siqueira, op. cit.

11 Sobre essa noção de "direitos humanos" entre presos e para toda uma reflexão fundamental sobre o lugar do conhecimento antropológico diante/na "guerra" combatida por esses sujeitos, ver: Adalton Marques. Do ponto de vista do "crime": notas de um trabalho de campo com "ladrões". *Horizontes Antropológicos*, ano 22, n.45, 2016.

A PRISÃO E A PRODUÇÃO DO ESPAÇO URBANO: TERRITORIALIDADES CARCERÁRIAS

Fábio Araújo

As políticas contemporâneas de controle social e combate à criminalidade encontraram na prisão uma forma privilegiada de gestão do crime que tem se traduzido no que vem sendo chamado de encarceramento em massa. A prisão tem ocupado um lugar central entre os dispositivos de gestão de certas populações, juntamente com a crescente policialização dos espaços urbanos e das condutas sujeitas a controle e punição. Parte da literatura recente que trata sobre prisão aponta para a fluidez das fronteiras materiais e simbólicas entre o *dentro* e o *fora* da instituição prisional,[1] relativizando a imagem clássica da instituição total goffmaniana.[2] A prisão pode ser pensada enquanto fenômeno urbano. Trata-se de pensar como o Estado se espacializa,[3] através de suas instituições punitivas e sua centralidade na produção de experiências particulares tanto da pena como dos territórios urbanos.

Para ilustrar esse argumento, basta mencionar a diferença das políticas penitenciárias dos estados de São Paulo e Rio de Janeiro. O primeiro caso é caracterizado por uma distribuição da população carcerária em cidades do interior, e o segundo, por uma concentração da população carcerária numa região específica da cidade. Em São Paulo, tal política tem sido caracterizada por um processo de expansão penitenciária sem precedentes no país, marcado pela construção de presídios em cidades do interior do estado. Apenas o processo de desativação da Casa de Detenção do Carandiru levou à construção de 21 penitenciárias, criando, por lado, um fluxo migratório para o interior; por outro, esta geografia do sistema penitenciário paulista transforma a pena privativa de liberdade em banimento do preso de suas relações familiares. Em vez do preso cumprir sua pena próxima de seus familiares, como estabelece a Lei de Execuções Penais, a política penitenciária da interiorização reforça a quebra dos vínculos do preso com sua família, constituindo-se a dimensão espacial do sistema penitenciário numa espécie de aumento da pena e da punição, tanto para o preso como para sua família.[4]

No Rio de Janeiro, por sua vez, embora novos presídios venham sendo construídos em cidades do interior, em um grau incomparável com a experiência de São Paulo, a principal característica é a concentração carcerária numa região específica da cidade. Trata-se do caso do Complexo Penitenciário de Gericinó, localizado na zona oeste da cidade. O nome original do Complexo Penitenciário remetia ao nome de Bangu, bairro que está localizado há aproximadamente 40 quilômetros do centro do Rio de Janeiro. A população carcerária do estado atualmente está em torno de 49 mil presos, metade da qual alocada na capital, sendo a maior parte no Complexo Penitenciário de Gericinó, que reúne 26 instituições penais, com uma população de aproximadamente 28 mil presos.

A Fábrica de Bangu, uma das líderes da primeira onda de industrialização brasileira, fundou o bairro carioca de Bangu. Como não havia meio dos operários chegarem à fábrica, a Bangu construiu um bairro de casas operárias. Com o passar do tempo a reputação do bairro foi sendo associada aos presídios. O bairro chegou a ser conhecido como o "bairro dos presídios".

Além do Complexo Penitenciário de Gericinó, há na região um batalhão de polícia, várias unidades de treinamento do Exército e uma Unidade de Polícia Pacificadora. Acrescenta-se ainda a presença e atuação nessa região de milícias e facções armadas de traficantes de drogas. Além dessa dimensão militarizada, duas outras realidades/situações complementam a configuração urbana local: a existência de um aterro sanitário – de onde muitos moradores retiravam até pouco tempo sua sobrevivência; e vários conjuntos habitacionais criados para reassentar moradores atingidos pelas políticas de remoção de várias partes da cidade na década de 1960.

Representativo do incômodo que a concentração de presídios traz para uma parte dos moradores de Bangu e traço emblemático das transformações urbanas da região foi a criação do sub-bairro de Gericinó. Bangu se notabilizou ao longo do século XX como um subúrbio industrial, por sediar a maior e mais produtiva fábrica de tecidos da cidade do Rio de Janeiro. A centralidade da fábrica para a construção da identidade territorial de Bangu deu lugar a uma imagem negativa do bairro, marcada pela presença de *instituições estigmatizantes* como os presídios e o aterro sanitário.[5] O bairro de Gericinó foi criado por um decreto do poder executivo municipal e a iniciativa de sua criação, pelo prefeito César Maia, teve como fundamento – segundo mensagem do prefeito à Câmara de Vereadores – a especificidade das atividades institucionais ali exercidas, que acabaram por transformar esse território em *"unidade espacial distinta"* (conforme a Lei 3.852, de 23 de novembro de 2004). Esse conjunto de instituições presentes na vida do bairro possibilita identificar nessa região a existência de um território que no mapa da cidade se apresenta como espaços sociais que criam as condições propícias para a expansão do estado de polícia, "espaços sociais nos quais o poder de polícia vigora sobre todo e qualquer direito e é soberano, tanto quanto as possibilidades de resistência e confrontação diante dessa expansão".[6] As observações e o relato etnográfico a seguir, de um dia de campo na porta do Complexo de Gericinó, transmitem bem a tensão dessa "zona de turbulência" onde o poder de polícia é soberano.

UM DIA NA PORTA DE GERICINÓ
Vinte e oito de janeiro de 2017. Hoje a porta dos presídios amanheceu vazia. Diferentemente dos dias em que centenas de pessoas se movimentam de um lado para o outro, preparando-se para a visita, a paisagem hoje é marcada pelo vazio. O comércio, que geralmente é muito movimentado, está praticamente parado. Na falta de clientes, o mercado ao lado da cancela de entrada para os presídios fecha as portas mais cedo e os funcionários vão embora. Apenas algumas poucas

pessoas desavisadas da paralisação dos agentes penitenciários chegam e são logo informadas de que não haverá visitas, elas estão suspensas. Uma senhora que acabara de descer do ônibus com várias sacolas de mantimentos que compõem o jumbo dá meia volta e logo pega o ônibus de volta para casa. Um pequeno grupo de mulheres, talvez ainda na esperança de que lhes seja permitida a entrada, conversa entre si. Ao lado desse grupo, uma mãe que veio visitar o filho retira os produtos de sua sacola para mostrar à repórter que lhe entrevista, são alimentos que trouxe para o filho e não poderão ser entregues. Uma das mulheres conta que o filho estava para ser posto em liberdade condicional, mas não há tornozeleira eletrônica e, embora tenha direito, ele não pode sair. Comenta que diante da crise do Estado, a própria família decidira custear a compra de uma tornozeleira para que o filho pudesse sair logo, mas foram proibidos. E diz que viu uma reportagem de jornal que noticiava uma investigação do Ministério Público que revelou fraudes nos contratos de tornozeleiras eletrônicas e um prejuízo de R$ 12 milhões ao estado do Rio de Janeiro.

A movimentação principal do dia, no entanto, foi dos agentes penitenciários. Em razão da falta de pagamento de salários dos servidores públicos estaduais do Rio de Janeiro, eles decidiram entrar em greve. Enquanto alguns poucos familiares continuam esperando alguma informação sobre a paralisação, os agentes se movimentam de um lado para o outro, se reúnem, discutem entre eles os rumos de sua mobilização e dão entrevistas para a imprensa. À minha frente, um representante do sindicato dos agentes penitenciários concede entrevista para a Rede Globo. Ao responder às perguntas da repórter enumera uma lista de reivindicações a serem negociadas com o governo: pagamento do 13º salário, horas extras, melhores condições de trabalho; reclama das péssimas condições de trabalho dentro dos presídios e da superlotação. De acordo com sua fala, existe uma média de cinco agentes penitenciários para cada 2 mil presos.

Enquanto observo a movimentação na entrada do Complexo de Gericinó passa o *Caveirão*, nome pelo qual ficou conhecido o carro blindado da Polícia Militar, usado pelo Batalhão de Operações Especiais (Bope) para incursões em favelas. Defendido pela Polícia Militar como forma de proteger os policiais, seu uso é alvo de controvérsias e críticas pelo fato de suas operações implicarem em violações de direitos humanos, geralmente traduzindo-se em mortes. Embora a circulação do *Caveirão* seja vista em regra como sinal de perigo e conflito, no momento, a atenção e a preocupação era com outra situação conflitiva. Nas conversas de familiares de presos e das demais pessoas presentes, a preocupação central era com a possibilidade das rebeliões em curso nos presídios em vários estados do país chegar ao sistema prisional do Rio de Janeiro. "Já pensou se acontece alguma coisa aqui? São várias galerias e vários presídios juntos. Se acontecer algo aqui pode ser muito pior do que foi em outros lugares porque aqui a concentração de presídios é maior", dizia a mãe de um preso.

Ao meu lado, dois senhores conversam e expressam suas preocupações. Um deles se apresenta como agente penitenciário aposentado, o outro diz estar ali apoiando a mobilização dos agentes. Notando meu interesse na conversa, começam a se dirigir a mim e a Guilherme, meu amigo que nesse dia foi a campo comigo para fazer um registro visual das materialidades e simbolismos que os presídios produzem naquele pedaço do bairro. Um deles diz: "Isso aqui é uma bomba, prestes a explodir". Durante a conversa surgem comparações com as facções em São Paulo. Um dos interlocutores, para enfatizar a gravidade da situação do Rio de Janeiro, elabora uma comparação sobre a presença das facções nos dois estados. "Enquanto lá o PCC domina, aqui tem esse monte de facção. Sabe qual foi a última facção criada no Rio de Janeiro?". Eu digo que não sei. Meu amigo tenta uma resposta: "TCP [Terceiro Comando Puro]?". E nosso interlocutor responde: "Tá vendo? Mesmo vocês que parecem espertos caem nessa. A última facção que surgiu no Rio de Janeiro foi a *milícia*. Não é vendida pela mídia como facção mas é".

Da *birosca* de onde observo as movimentações entre um papo e outro, a distribuição/separação dos corpos pelo espaço chama atenção. De um lado, os corpos femininos de algumas poucas mulheres visitantes, de outro, os masculinos de agentes penitenciários e policiais. O corpus administrativo-estatal presente ali na entrada do presídio, formando um checkpoint – ponto de verificação e passagem de pessoas –,[7] que vai controlar a entrada e a circulação no Complexo de Gericinó é composto basicamente por corpos masculinos, enquanto as visitas dos presos, "alvo" da revista, é majoritariamente feminino.

Decidimos, Guilherme e eu, andar um pouco para fazer alguns registros fotográficos. Seguimos em direção ao batalhão de polícia cujo prédio praticamente compõe o espaço físico e arquitetônico do Complexo de Gericinó. Um grande muro liga o batalhão aos presídios. Em um poste próximo ao batalhão há uma placa similar às placas de sinalização de trânsito onde se lê "Fique vivo". De onde estamos, avistamos o *Caveirão* que havia subido a rua retornando. Guilherme prepara uma foto, aponta o celular para uma placa que informa a existência de um estacionamento, mas a intenção é registrar a passagem do *Caveirão*. O *Caveirão* se aproxima e apenas um pedaço dele entra no enquadramento da foto porque repentinamente ele para no meio da rua. Guilherme desfaz o gesto fotográfico e, receosos de sermos abordados pelos policiais do veículo blindado, voltamos a andar em direção à entrada do presídio. Estamos bem diante da porta do *Caveirão* quando um policial, cuja imagem lembra um combatente de guerra, a abre. Olhamos e vimos um corpo que parecia um cadáver, ensanguentado e desfigurado jogado no chão do *Caveirão*. Não era à toa que a placa "Fique vivo" estava ali de alerta. Era mais uma modalidade do corpo do Estado presente e agindo na administração e no governo de populações e territórios. Marcas de uma "experiência de territorialidade" onde para *estar livre* e *estar vivo* é preciso vencer a "guerra particular" que faz parte da vida cotidiana nas "zonas de turbulência" da cidade.[8]

A PRISÃO COMO "BALIZA DE TERRITORIALIDADE"

As observações de Antonio Augusto Arantes sobre a produção do espaço urbano fornecem pistas valiosas para explorarmos a dimensão da prisão enquanto "baliza de territorialidades", ou seja, para pensarmos "as práticas por meio das quais estruturas físicas são transformadas em balizas de territorialidades, ainda que efêmeras, em marcos de lugar ou de vida social ressingularizada".[9] O Complexo Industrial Penitenciário de Gericinó representa na paisagem urbana uma "baliza de territorialidade" em torno da qual se desenvolvem práticas de espaço que podem e devem ser entendidas em sua relação com o conflito social. Em Gericinó, a presença dos presídios produz no bairro um fluxo de trajetórias urbanas e circulação de corpos/pessoas que passa a fazer parte da rotina do bairro. A prisão está cada vez mais presente na vida do bairro e de muitas pessoas. Ela marca o território, define temporalidades, espacialidades, circuitos e mobilidades urbanas.

A prisão circula junto com a circulação de familiares e amigos que se dirigem aos presídios para as visitas, nas conversas na van e no ônibus, nos recados nas paredes do bairro pedindo a liberdade de algum amigo preso. A prisão circula no deslocamento de um familiar com suas sacolas e roupas próprias para adentrar o presídio, na circulação dos familiares por repartições públicas para fazer a carteirinha exigida como documento que permite a entrada para a visita. A prisão está presente nas músicas que se ouvem nas vans que levam aos presídios, funcionam como uma espécie de trilha sonora que serve como prenúncio do que virá pela frente, preâmbulo que anuncia e descreve as etapas de entrada no presídio, elemento que ajuda a compor a cena. São muitos os "vasos comunicantes"[10] que fazem a prisão circular para além de seus muros.

Na porta dos presídios, a cena da fila impressiona e impacta o visitante ou o observador que vai pela primeira vez. Aos poucos, quando vira rotina, pode-se de certa maneira domesticar certas afetações, emoções, sentimentos. Mas as imagens não perdem jamais a sua força, por mais que haja certa familiaridade quando já se entrou naquela rotina. São filas de milhares de pessoas aguardando para entrarem nos presídios. A fila tem gênero, é feminina. A grande maioria das pessoas que se dirige para visitar os presos são mulheres. São poucos os homens na fila. Pode-se dizer que são raros em comparação com a quantidade de mulheres. Por outro lado, os homens são muitos do lado de dentro. No recenseamento do IBGE, os presos são considerados moradores dos bairros onde estão localizadas as penitenciárias, assim sendo, Gericinó é o bairro com a maior população masculina da cidade do Rio de Janeiro. As mulheres visitantes são geralmente esposas, namoradas e mães de presos. O contraste de gênero radicaliza-se quando se observa a visita aos presídios masculinos em comparação com os femininos. Quase não há visita para as mulheres presas, enquanto os presídios masculinos estão sempre cheios de visitantes.

A evolução urbana dessa parte do bairro está diretamente relacionada à expansão dos presídios. Estes foram crescendo e junto com eles os loteamentos em seu entorno, com a construção de casas e o desenvolvimento de uma economia local baseada no comércio de porta de cadeia. Um mercado informal floresce em torno do Complexo Penitenciário de Gericinó, funciona como um bazar a céu aberto que busca atender às demandas dos 2.200 visitantes diários das 26 unidades prisionais do bairro.

Se o bairro pode ser considerado um dispositivo prático que tem por função garantir a passagem/continuidade entre aquilo que é mais íntimo (espaço privado da residência) e o que é mais desconhecido (o conjunto da cidade ou mesmo o resto do mundo); se o bairro constitui "o termo médio de uma dialética existencial entre o dentro e o fora", o bairro é assim uma ampliação do habitáculo. O bairro é para seu usuário uma soma de trajetórias imaginadas a partir de seu local de habitação. O bairro é uma noção dinâmica, que necessita uma "progressiva aprendizagem, que vai progredindo mediante a repetição do engajamento do usuário no espaço público até exercer aí uma apropriação" (Mayol, 2013, p.42).[11]

No caso de Gericinó, essa rotina que leva centenas de pessoas ao bairro para visitação nos presídios coloca para os moradores uma relação permanente com a figura do "estranho". Ao mesmo tempo em que é incorporado à rotina do bairro, a presença e a proximidade da prisão e dos presos coloca em risco a produção de certo regime de vizinhança. Essa paisagem urbana que se forma a partir da *territorialidade carcerária* no bairro pode ser compreendida como uma "zona simbólica de transição", uma "paisagem-passagem", uma "zona de contato, onde se situa uma ordem moral contraditória".[12]

Além da incorporação física do bairro pela prisão e da prisão pelo bairro, há outra dimensão dessa incorporação, apontada por Cunha[13] ao tratar da sociedade portuguesa, que serve para pensar o caso do Rio de Janeiro. A antropóloga portuguesa observa, a partir de seu trabalho de campo, que a prisão passou a situar-se na continuidade e não na ruptura com o exterior, tornou-se um prolongamento do bairro na medida em que o estigma do bairro passou a se sobrepor ao estigma da prisão. Uma pessoa presa não é mais totalmente extirpada do seu meio social porque na medida em que o estigma recai sobre o bairro, a partir da estigmatização que se instala aos bairros conotados com a droga e o tráfico, segmentos importantes desse universo são deslocados para a prisão. O estigma deixou de se confinar aos muros da prisão para remontar ao bairro, de modo que a prisão normalizou-se. Nada mais verdadeiro para a realidade do Rio de Janeiro, na medida em que o tráfico varejista que se instala nas favelas cariocas provê o estereótipo para a criminalização desses territórios que fornecerão a população que irá superlotar os cárceres. Relação estreita que se estabelece entre política de drogas, estigma territorial, seletividade penal e aumento da população carcerária.

Sobre o autor

Doutor em Sociologia e professor do Instituto Federal do Rio de Janeiro (IFRJ). Artigo inédito.

Notas

1   Ver, entre outros, Manuela Ivone Cunha. *Entre o bairro e a prisão: tráfico e trajectos*. Lisboa: Fim de Século, 2002; e Rafael Godoi. *Fluxos em cadeia: as prisões em São Paulo na virada dos tempos*. Tese de doutorado em Sociologia, Universidade de São Paulo, 2015.

2   Erving Goffman. *Manicômios, prisões e conventos*. 8ed. São Paulo: Editora Perspectiva, 2015.

3   James Ferguson e Akhil Gupta. Spatializing states: toward an ethnography of neoliberal governmentality. *American Ethnologist*, v.29, n.4, p.981-1002, 2002.

4   James Zomighani Jr. Cartografias da Interiorização Penitenciária em São Paulo. *Verve* (PUC-SP), v.único, p.109-128, 2014.

5   João Felipe Brito. "Terras quentes reinventadas: a criação do bairro Gericinó como parte das transformações urbanas do bairro Bangu". Dissertação de mestrado, PPGSA/IFCS/UFRJ, Rio de Janeiro, 2012.

6   María Victoria Pita. Poder de polícia e gestão de territórios: o caso dos ambulantes senegaleses na Cidade Autônoma de Buenos Aires. In: Christian Azaïs, Gabriel Kessler e Vera da Silva Telles. *Ilegalismos, cidade e política*. Belo Horizonte: Fino Traço/Programa de Pós-Graduação em Sociologia USP, 2012.

7   Pradeep Jeganathan. Checkpoint: antropology, identity and the State. In: Veena Das; Deborah Poole (Eds.). *Anthropology in the Margins of the State*. Santa Fé, Oxford: School of American Research Press/James Currey, 2004.

8   Antonio Augusto Arantes. *Paisagens paulistanas: transformações do espaço público*. Campinas: Editora da Unicamp; São Paulo: Imprensa Oficial, 2000.

9   Ibidem, p.12.

10 Rafael Godoi, op.cit.

11 Pierre Mayol. Morar. In: Michel de Certeau; Luce Giard; Pierre Mayol *A invenção do cotidiano: 2. morar, cozinhar*. Petrópolis: Vozes, 2013.

12 Antonio Augusto Arantes, op.cit., p.106-107.

13 Manuela Ivone Cunha, op.cit.

É HORA DE RACIALIZAR O DEBATE SOBRE O SISTEMA PRISIONAL NO BRASIL

Ronilso Pacheco da Silva

Não que eu tivesse dúvidas antes, mas tomei coragem de arriscar este texto para dialogar um pouco sobre o quanto vejo com descrença e desânimo muito do que tem sido dito, analisado, escrito e debatido sobre a situação do sistema penitenciário no Brasil. E uma das razões pelas quais essas reflexões falham, ou estão fadadas ao fracasso, andando em círculos, é a indiferença quanto à força do racismo neste sistema, ou a não racialização da questão nas conversas sobre possíveis soluções e apontamento de problemas. É um erro pensar uma coisa fechando os olhos para a outra. Negro e crime, no Brasil especificamente, são uma construção absolutamente determinante. Não estou invalidando outras análises, estou dizendo é que nada da situação que temos hoje é verdadeiramente compreendida ignorando o rastro que nos trouxe até aqui. E este é racial. O Código Criminal do

Império, de 1830, é emblemático no seu art. 60 quanto ao lugar do sujeito do negro, ao dizer que "se o réu for escravo, e incorrer em pena que não seja capital ou de galés, será CONDENADO NA DE AÇOITES, e, depois de os sofrer, será entregue a seu senhor, que se obrigará a TRAZÊ-LO COM UM FERRO PELO TEMPO E MANEIRA QUE O JUIZ DESIGNAR". Daí em diante, o que temos é um agravamento sistemático das penas e formas de punição, sempre intencionando subjugar o corpo negro e garantir a "segurança" da sociedade liberal, branca.

Da mesma maneira, o que temos com a Lei do Ventre Livre, de 1871, é a legitimação do privilégio que o governo dá aos senhores escravizadores de se desfazerem do fardo de se responsabilizarem pelos filhos das escravizadas. No texto do artigo, a dissimulação típica da elite brasileira se manifestava na afirmação de que "os filhos de mulher escrava [escravizada] que nascerem no Império desde a data desta lei serão considerados livres". O que realmente acontecia era o aumento do contingente de crianças abandonadas, formação de uma geração de jovens que não conheceram os pais ou deles foram arrancados sem conhecer, o início da desventura da sorte e da sobrevivência no jogo da vida nas ruas, quando não o aumento da mortalidade infantil.

A isso vem se somar a abolição da escravatura, de 1888. Ao contrário do que querem sempre transformar num ato heroico e solidário da princesa Isabel, o que a abolição fez foi consolidar a destruição de negros e negras na sociedade brasileira, na medida em que entrega de vez essa população à própria sorte. Não que negros e negras estivessem mais "seguros" na casa grande, mas o projeto racista de "libertação" dos escravizados foi a libertação do Império de um peso, uma vez que não havia qualquer política de acolhimento, cuidado, preparação, reparação e tratamento da dignidade dessas pessoas. Para o projeto em curso, eles eram os sujeitos perfeitos para personificar o mal, a ameaça, a violência, a justificativa para o aprimoramento dos aparatos de segurança e repressão.

Juntas, a abolição da escravatura, a Lei do Sexagenário e a do Ventre Livre são apenas algumas das principais fontes fornecedoras de "inimigos" para o Estado e para a sociedade, que justificam o endurecimento da lei para o corpo negro com o Código Penal de 1890 (não por acaso, apenas dois anos após a abolição), que criminalizava, por exemplo, a capoeira. Pensemos por exemplo na criação das chamadas colônias correcionais, nossos "pré-presídios", em 1894. E quem estaria lá? A Lei n.947, de janeiro de 1902, diz que eram os "MENDIGOS VÁLIDOS, VAGABUNDOS E VADIOS, CAPOEIRAS E ÉBRIOS, JOGADORES E MENORES VICIOSOS ENCONTRADOS E JULGADOS". Quantos homens brancos, mulheres brancas, da nossa novíssima sociedade republicana você é capaz de visualizar encaixados nesse perfil nesse momento? Falar dessas colônias correcionais é importante também porque é daqui que surge, por exemplo, a mais conhecida delas, localizada em Ilha Grande, no Rio de Janeiro.

É curioso que toda história sobre o famoso presídio de Ilha Grande (mais especificamente o Instituto Penal Cândido Mendes), desativado em 1994, começa a ser contada a partir do surgimento da Falange Vermelha, a famosa junção entre presos políticos da ditadura militar e presos comuns (na sua esmagadora maioria, pretos). Como se sabe, a Falange Vermelha é "mãe" do Comando Vermelho. Mas é preciso que se diga que, antes que presos brancos, letrados, de classe média, e carregados de ideologia política fossem levados para a famosa penitenciária, sua construção é para receber (punir, vigiar, controlar) homens negros. *O presídio de ilha grande é construído como fruto da lógica racista, instituição total para dar conta do excedente negro livre, "violento" e "ameaçador".*

Portanto, antes da ditadura, em 1964 (e antes mesmo da Revolução Constitucionalista de 1932, que prendeu ali o jornalista Orígenes Lessa, e a ditadura Vargas, que colocou ali o escritor Graciliano Ramos em 1932), em Ilha Grande o grito que ecoava de dor e açoite era o corpo preto.

O fim da ditadura permitiu a anistia dos presos políticos, que na medida do possível retomaram a vida (com as inegáveis dificuldades que se deve imaginar, de quem experimentou a crueldade da tortura). Eram estudantes, intelectuais, artistas, políticos, músicos etc. Para os presos comuns (que ali ficaram até a desativação definitiva da unidade), negros e pobres, "moradores antigos" dos porões do horror e do açoite no chamado "caldeirão do diabo", o poder e a possibilidade de enriquecimento com a formação de um "comando", gestando o chamado "crime organizado", pareciam ser as únicas oportunidades e desejos. E, já ali dentro mesmo, esse status era o horizonte que valeria ser mantido a ferro e fogo, imposto pela violência e pelo medo. Ilha Grande também "formou" mais de duas gerações de policiais e agentes penitenciários forjados na doutrinação pela violência e a prática da tortura, herdeiras da "correção" do negro pelas chibatadas, o ferro quente e os cortes com facas pelo corpo.

Isso não foi um dilema naquele momento, no "princípio", e continua não sendo um problema agora. Para além dos muros dos presídios, a população preta e pobre só conhece a repressão e a violência e a construção de narrativas a seu respeito. Tendo o Rio de Janeiro como exemplo, desde fins do século XIX, início do XX, de Barata Ribeiro a Pereira Passos, até hoje, tudo o que se tem sistematicamente são remoções de famílias, corpos desalojados dos lugares considerados importantes e que deveriam ser higienizados. As favelas que foram se formando ao redor do Centro da cidade embranquecida e elitizada, e que tem o aparato policial ao seu lado, também acabou por sedimentar uma população cruelmente reprimida, empurrada para os recantos periféricos, intimidada, tolhida de todas as oportunidades de acesso a privilégios que foram criados sob a lógica de que ela não deveria desejar. E a política de governo sobre drogas ilícitas, que segue fundamentada na repressão, encarceramento e combate bélico, não faz nada além de manter a mesma fracassada linha de raciocínio da forma racista de funcionar que concentra a captura, controle e vigilância nesses mesmos lugares.

O que estou tentando dizer é que não vamos avançar sem essa autocrítica. Não há, sem este reconhecimento, outra solução a não ser a construção de mais presídios. Obviamente. Porque nossa política social segregadora racista continua gerando contingentes em massa de criminalizáveis. É nítido que apenas reconhecer hoje que o núcleo dessa barbárie em evidência é racial não resolve o problema amanhã. Sim. Mas dói ainda mais saber que quando tudo isso deixar de ser notícia, nós vamos continuar confiando nessa alternativa atual e, o que é pior, ignorando a trágica história que nos trouxe até este ponto massacrando a população negra. Aqui eu ilustro com a linda reflexão da norte-americana Alice Walker, em um dos seus artigos mais brilhantes (*À procura do jardim de nossas mães*), de 1974, em que ela, se referindo às mulheres negras, diz: "Como se pode manter viva a criatividade de uma mulher negra, se ano após ano, século após século, quando durante a maior parte dos anos, que os negros vivem na América, era um crime punível para uma pessoa negra ler e escrever?". Como esperamos que se possa levar a sério as reflexões, artigos, análises, reportagens, notas oficiais, entrevistas coletivas do governo sobre, e as propostas de soluções para a chamada "crise" do sistema prisional brasileiro, se estamos recusando insistentemente reconhecer que o arcabouço dessa máquina de matar (além de gerar poder, privilégio e, é claro, lucro) é a negação da dimensão racial de tudo isso?

Vamos continuar pagando o preço da falta de uma política racial séria, com reparações e real dimensão das questões social, territorial, educacional, econômica e psicológicas do estrago causado pelos séculos de escravidão, política colonial e desigualdade na formação do Brasil. No sistema penitenciário brasileiro estão corpos negros. São negros que estão morrendo e matando, são negros que têm as cabeças decapitadas por outras mãos negras. Todas as vezes que vermos alguns corpos brancos na barbárie desumana do caos penitenciário, lembremos que estamos vendo corpos brancos em uma instituição criada para corpos negros. E é por isso que o argumento de que lá "também" há brancos (e, assim, a questão racial estaria equivocada) não é apenas frágil, é um desserviço. As raízes de nossa violenta mazela são evidentes. Mas somos racistas.

Sobre o autor

Graduando em Teologia na PUC-Rio; interlocutor social na organização Viva Rio; membro do Coletivo Nuvem Negra, formado por estudantes negros/as da PUC-Rio; ativista, evangélico, participa também da Campanha pela Liberdade de Rafael Braga Vieira desde o seu surgimento em 2013. Autor do livro *Ocupar, resistir, subverter* (Novos Diálogos, 2016). Artigo originalmente publicado no site GELEDÉS.

POLÍTICAS SEXUAIS E AFETIVAS DA PRISÃO: GÊNERO E SEXUALIDADE EM TEMPOS DE ENCARCERAMENTO EM MASSA

Natália Lago e Marcio Zamboni

Mulheres presas acusadas de envolvimento com o tráfico de drogas, travestis desfiguradas pela polícia na carceragem de delegacias, esposas que acordam de madrugada e enfrentam longas filas para visitar seus maridos privados de liberdade, alas especiais para receber a população LGBT,[1] mulheres que dão à luz no cárcere, distribuição de preservativos em prisões masculinas para prevenir a disseminação do HIV, reconhecimento das uniões homoafetivas para a concessão do direito à visita íntima. Esses temas, abordados por diversos meios de comunicação e amplamente discutidos em fóruns virtuais, universidades e movimentos sociais, são apenas alguns exemplos da crescente visibilidade que as questões de gênero e sexualidade no contexto do sistema penitenciário têm ganhado na última década.

A população carcerária cresceu em uma velocidade assustadora no Brasil como um todo e no estado de São Paulo em particular. Dados do Departamento Penitenciário Nacional, relativos a 2014, indicam que a população prisional nacional já passa das 600 mil pessoas. São Paulo é o estado com a maior população carcerária – 219 mil presas e presos. Ainda mais veloz do que a média nacional foi o aumento da prisão de mulheres. Se a população carcerária masculina cresceu 220% entre 2000 e 2014, a feminina teve um aumento de 567% no mesmo período.

Apesar da precariedade dos dados disponíveis sobre o assunto, ativistas LGBT e organizações de defesa dos direitos humanos têm denunciado a crescente vulnerabilidade da população LGBT (em especial travestis e transexuais) à ação arbitrária das forças policiais, bem como as péssimas condições de encarceramento que costumam enfrentar. De acordo com dados divulgados em um informativo publicado pelo Grupo de Trabalho "Mulher e Diversidade" da Pastoral Carcerária da Arquidiocese de São Paulo em dezembro de 2016, havia pelo menos 4.649 pessoas LGBT presas neste estado naquele momento. O GT acredita que esse número oficial, fornecido pela Secretaria de Administração Penitenciária (SAP) por meio da Lei de Acesso à Informação, tende a subestimar a real dimensão da diversidade sexual e de gênero no sistema penitenciário paulista.

O rápido aumento do encarceramento feminino e LGBT pode ser visto, em grande medida, como consequência do recrudescimento da chamada "guerra às drogas". Um dos efeitos da Lei de Drogas (Lei 11.343/2006) foi a criminalização de um grande número de mulheres envolvidas com as franjas do tráfico de entorpecentes, vendendo pequenas quantidades para complementar a renda ou sustentar o vício, ou mesmo tentando levar reduzidos pacotes nas cavidades corporais para seus familiares e companheiros presos. Muitas travestis e transexuais que trabalham no contexto da prostituição ou vivem em situação de rua foram capturadas por essa mesma malha.

Para além do crescimento do número absoluto de mulheres e pessoas LGBT presas, é possível notar uma maior visibilidade dessas populações nos debates públicos sobre a questão do encarceramento e uma crescente mobilização em torno de suas demandas por parte dos movimentos sociais. Vemos, por um lado, um maior interesse de movimentos feministas e LGBT pela prisão e, por outro, uma incorporação gradual das questões de gênero e sexualidade pelos movimentos em defesa dos direitos humanos que estão historicamente envolvidos com a defesa de direitos da população carcerária.

Como antropólogos e pesquisadores do Núcleo de Estudos de Marcadores Sociais da Diferença (Numas-USP), argumentamos que é fundamental olhar para as maneiras pelas quais as múltiplas formas de diferença e desigualdade (como classe, raça, gênero, sexualidade) são produzidas no contexto prisional e se articulam umas com as outras. Analisando pesquisas que têm sido realizadas sobre o sistema penitenciário no âmbito das ciências sociais brasileiras,[2] no entanto, percebemos que as questões relacionadas a gênero e sexualidade ainda não são tematizadas com a mesma frequência que as relacionadas às desigualdades socioeconômicas e com a discriminação racial.

Na arena política, não é difícil encontrar formulações a respeito das dimensões raciais e de classe dos sistemas penitenciário e socioeducativo. Embora as formas de explicar, legitimar ou denunciar essa associação variem significativamente, existe uma compreensão generalizada de que essas instituições são lugares ocupados por "pretos e pobres". No cenário acadêmico, o caráter racializado do sistema penitenciário ou seu papel ativo na manutenção das fronteiras entre classes em uma sociedade marcada pela desigualdade foram tematizados de maneira frequente e densa.

O mesmo não pode ser dito em relação às dimensões de gênero e sexualidade. De forma geral, não é difícil demonstrar que a maioria dos presos são homens, que a divisão das prisões entre unidades masculinas e femininas é historicamente recente e mais ou menos arbitrária ou que práticas homossexuais são comuns nesses ambientes. Mas os discursos a respeito desses assuntos são praticamente ausentes do debate público. Quando se fala a respeito, faz-se referência a temas e sujeitos particulares: tenta-se entender o que faz determinadas mulheres se tornarem criminosas ou como certos presos podem se tornar "esposas" de outros por meio da violência, ou mesmo porque a violência policial contra travestis é tão feroz. Pouco se pensa sobre a associação entre masculinidade e crime, ou sobre o fato de que as prisões são fundamentalmente lugares "para homens heterossexuais". Em comparação com as questões de raça e classe, os problemas de gênero e sexualidade são menos visíveis, mais naturalizados e menos politizados. Queremos partir justamente desse contraste.

Nosso objetivo neste artigo é mostrar como *as relações de gênero e sexualidade são fundamentais para entendermos o funcionamento do sistema penitenciário como um todo, e não apenas as experiências de sujeitos marcados nas prisões em termos de gênero e sexualidade, como mulheres encarceradas ou presos LGBT.*

Fundamentamos esse argumento a partir de três pressupostos teóricos e políticos: em primeiro lugar, entendemos que gênero diz respeito à produção de feminilidades e masculinidades fundamentalmente relacionais (ou seja, se definem sempre em relação) e que compõem um campo primordial para a articulação do poder.[3] Em segundo lugar, a compreensão de que existe uma conexão vital entre gênero e sexualidade, embora um não possa ser reduzido ao outro. Em especial no contexto prisional, é importante notar que as diferenças de gênero se apresentam frequentemente em termos de sexualidade e vice-versa. Por fim, insistimos sempre na necessidade de pensar na articulação de gênero e sexualidade com outras formas de diferença e desigualdade (raciais e de classe, por exemplo).

Desdobramos esse argumento em três eixos que parecem organizar alguns "problemas de gênero" do sistema penitenciário: a estrutura institucional das prisões, as moralidades do "mundo do crime" e as relações afetivas e familiares em contextos de privação de liberdade. Indicamos, dentro dos eixos, algumas das relações fundamentais entre gênero, sexualidade e prisões que são frequentemente negligenciadas. Os eixos não correspondem a domínios separados ou independentes do universo pesquisado, muito pelo contrário: estão profundamente conectados na dinâmica das instituições e na experiência das pessoas que vivem a prisão. Essa divisão é sobretudo analítica e expositiva, e tem por objetivo apresentar as múltiplas dimensões de um problema complexo da forma mais clara possível.

O GÊNERO DA ESTRUTURA INSTITUCIONAL

Neste primeiro eixo, falaremos da estrutura institucional em si, ou seja: a administração penitenciária, a prática cotidiana dos agentes de segurança, os saberes que orientam as políticas oficiais (e oficiosas), as ideologias que legitimam o funcionamento do sistema penitenciário. Algumas concepções de gênero e sexualidade informam esses saberes e práticas na perspectiva do Estado, e tais concepções acabam por transparecer, por exemplo, na naturalização de um padrão masculino e heterossexual de punição e na criação de espaços para "outros" que são marcados em termos de gênero e sexualidade (mulheres, travestis, homossexuais etc.).

Quando pensamos em prisões, sem especificação, tendemos a pensar em locais que encarceram homens e em homens que se relacionam afetiva e sexualmente com mulheres. As prisões femininas e as alas para presas e presos LGBT, quando mencionadas, requerem essa marcação para serem identificadas e, por isso mesmo, revelam as dimensões de gênero da punição em geral.

As primeiras prisões femininas surgem no Brasil em meados da década de 1940 por meio de parcerias entre o Estado e congregações religiosas católicas e femininas. Desde então, essas instituições assumiam expectativas bastante precisas sobre o que era ser uma "mulher adequada", que orientavam as ações e a vigilância das administrações prisionais em relação às mulheres que cumpriam penas. Se as prisões masculinas procuravam ressocializar indivíduos desviantes de forma que estes pudessem ser reintegrados à sociedade como cidadãos, o que se esperava das prisões femininas é que estas pudessem ensinar as detentas a serem "boas mulheres".

Já a emergência de políticas públicas para a população prisional LGBT, em especial a criação de alas especiais, revela negociações e ambivalências entre a garantia de direitos específicos e um maior controle sobre o exercício da sexualidade nas prisões. A ideia de que presos LGBT precisam ser mensurados e segregados do restante da população para que sejam protegidos de determinadas formas de violência (como a discriminação homofóbica e o estupro) acaba por reafirmar o ideal de uma prisão masculina exclusivamente ocupada por homens heterossexuais (e, portanto, sem sexo). As trocas afetivas e sexuais entre presos ficariam restritas, portanto, a alas especiais segregadas e hiper vigiadas.

Um olhar atento para as políticas voltadas para sujeitos marcados em termos de gênero e sexualidade (mulheres e pessoas LGBT) nos permite enxergar, portanto, o padrão masculino e heterossexual dominante nos sistemas punitivos de forma mais ampla. Essa ênfase na masculinidade e na heterossexualidade pode ser percebida também quando olhamos a prisão a partir da perspectiva dos presos – como faremos a seguir.

A MORAL SEXUAL DO CRIME
Neste segundo eixo, falaremos sobre os sistemas de valores próprios que se desenvolvem no "mundo do crime" e da organização política dos presos (em "comandos" ou "facções").

Trata-se de pensar em como concepções de gênero e sexualidade definem certos padrões de conduta no contexto da prisão (e do crime). Em outras palavras: o que os presos entendem como um "sujeito homem" é em grande parte o que define como eles esperam que outros presos se comportem e o que orienta o que se deve fazer para punir aqueles que não se encaixam nesse padrão. Destacaremos, neste cenário, a questão do controle do contato sexual entre presos como um exemplo particularmente rico para analisarmos essa dinâmica.

A moral sexual do crime foi abordada no contexto brasileiro em diversos momentos e com enfoques distintos nas ciências sociais, na literatura e também no cinema. Até meados dos anos 1980 existia um certo padrão na forma como se falava da vida sexual nas prisões. Nesses relatos, aparece de maneira recorrente uma espécie de modelo clássico da homossexualidade masculina. O contato sexual entre presos era organizado através da polaridade entre o parceiro visto como masculino e sexualmente ativo (que mantinha o status de "homem") e o parceiro visto como feminino e sexualmente passivo (e que seria visto, então, como homossexual ou "bicha"). As trocas sexuais entre presos podiam então assumir as mais diversas formas: desde o estupro violento até o casamento monogâmico reconhecido pela "massa carcerária" e pela administração, passando pela prostituição e por flertes discretos, toques fugazes e namoros turbulentos. O trânsito entre essas posições parecia tão instável e perigoso como as próprias relações de conflito e alianças entre "ladrões".

Nas prisões femininas, a polaridade entre parceiras masculinas (os "sapatões") e as mais femininas também aparece, mas de maneira menos rígida e menos atravessada pelo sistema de valores e pelas relações de poder características do "mundo do crime". As relações homossexuais em prisões femininas têm caráter mais fluido e situacional e ganham sentido sobretudo na lógica das relações de prazer, afeto e cuidado.

A partir de meados dos anos 1990, surge um olhar renovado sobre a sexualidade dos presos, dessa vez relacionado com a emergência e a consolidação da hegemonia do coletivo de presos conhecido como Primeiro Comando da Capital (PCC) depois do Massacre do Carandiru. A regulação das práticas sexuais entre presos tem grande relevância nesse processo: os estudos sobre o PCC mostram que a proibição do estupro entre presos e mais recentemente a proibição da discriminação contra homossexuais foram fundamentais para a conquista da legitimidade que esse coletivo desfruta junto à população carcerária.

Por fim, a partir dos anos 2010, vem crescendo a produção de análises sobre a prisão a partir das perspectivas dos presos não heterossexuais, seja em seus envolvimentos afetivo-sexuais, seja em suas relações com o restante da população carcerária. Os "barracos das monas" (celas ocupadas majoritariamente por travestis e homossexuais e geridas conforme códigos de conduta próprios) e os "cabarés de cadeia" (celas temporariamente adaptadas para a prática de prostituição entre presos) têm ganhado cada vez mais visibilidade em debates nas universidades e movimentos sociais.

As discussões que focalizam as moralidades no "mundo do crime" permitem perceber o caráter dinâmico da relação entre os códigos morais que regem as práticas (homo) sexuais na prisão e a organização política dos presos. Duas afirmações podem ser feitas nesse sentido: em primeiro lugar, que a gestão das relações sexuais entre presos não diz respeito apenas aos sujeitos que não se encaixam no padrão heterossexual. Ou seja, ela é fundamental também para a construção do ideal de masculinidade que organiza as relações entre os presos em geral. Em segundo, que a sexualidade não é um campo autônomo da experiência prisional *sobre o qual* a política dos presos atua. Argumentamos, pelo contrário, que se trata de um dos principais campos *no qual* esse poder se articula.

A POLÍTICA AFETIVA DA PRISÃO

O terceiro eixo de nosso texto abrange as relações afetivas e familiares mantidas em contextos de privação de liberdade, em particular no que diz respeito ao trânsito entre *dentro* e *fora* dessas instituições. Os afetos produzidos e mantidos através das prisões são uma dimensão possível de resistência e negociação dos sujeitos com a instituição prisional e são reveladoras das suas porosidades. Ao mesmo tempo, relações de cuidado, afeto e interdependência e os fluxos de pessoas, bens, signos e sentimentos "através e ao redor dos muros da prisão" estão profundamente marcados por padrões de gênero e sexualidade.

As mulheres que visitam seus filhos e maridos presos têm um papel fundamental na vida afetiva da prisão, marcado por expectativas e cobranças: a elas é atribuída a responsabilidade na manutenção da família. É a partir das suas condutas que se constroem as noções do que *é* família nesse contexto (seja ela a família *ideal* ou a *possível*). Além disso, a presença dessas mulheres é central para o funcionamento da própria prisão, pois abastecem os presos com cuidado e alimentos, roupas e itens de higiene pessoal (necessidades que as instituições frequentemente falham em suprir).

As relações entre *dentro* e *fora* da prisão também envolvem jeitos de ser homem e de ser mulher, jeitos de ser presa/o e visita, que são forjados nas condutas e nas relações estabelecidas entre mulheres e homens que circulam pela prisão. Ser uma "mulher fiel" ou uma "talarica" depende da conduta da mulher – cuidadosamente observada (e regulada) no local onde mora, na fila de visitas e no interior da prisão. Ao mesmo tempo, masculinidades que não se enquadram nos valores do "mundo do crime" e que estão presentes em alguns maridos que visitam suas mulheres presas podem ser motivo de questionamento, ainda que valorizadas em outros momentos.

Argumentamos, então, que a prisão não apenas rompe relações, mas é também produtora delas e cumpre, muitas vezes, um papel mobilizador para relações que se fazem através dos seus muros. Ao mesmo tempo, masculinidades e feminilidades desejáveis e indesejáveis são colocadas em movimento pela prisão e pelos procederes, dizendo respeito a mulheres e homens que circulam pela prisão, e não apenas na condição de pessoas presas. Gênero, portanto, não define somente as mulheres privadas de liberdade; é categoria chave para entendermos a prisão e as múltiplas relações que dela emergem e nela se produzem.

CONSIDERAÇÕES FINAIS

Ao longo deste texto buscamos demonstrar, percorrendo as diversas dimensões desse universo, que as relações de gênero e sexualidade são fundamentais para entendermos a prisão. Enfatizamos, até agora, as dimensões históricas e sociológicas do debate. Como forma de conclusão, propomos mais um passo: chamar atenção para as possíveis implicações políticas desse olhar renovado sobre o cárcere. Estamos falando das dimensões de gênero presentes na resistência e na crítica à prisão – tanto por parte de intelectuais como de movimentos sociais.

Acreditamos que, ao promovermos debates sobre o sistema penitenciário levando em conta a forma como ele é também estruturado por hierarquias de gênero e sexualidade, adicionamos mais uma camada de problematização à sua eficácia como parte de um estado de direito. Podemos assim criticar o cárcere não apenas por seu caráter racista ou pelo seu papel ativo na preservação das fronteiras entre as classes: podemos também destacar seus papeis machistas, homofóbicos e transfóbicos. A prisão não apenas criminaliza a pobreza e compromete a juventude negra, ela também produz um sofrimento extraordinário para as mulheres e a população LGBT. Ainda entre homens heterossexuais, a reiteração de um padrão estrito de masculinidade exacerba certas formas de violência.

Nos termos de uma política de coalizões entre movimentos sociais identificados com a esquerda, essa perspectiva provoca também novas potencialidades. Nessa chave, movimentos feministas e LGBT podem ser importantes atores nas agendas da desmilitarização e do desencarceramento. Para isso, é preciso que ativistas em suas fileiras estejam atentos às demandas das mulheres e pessoas LGBT encarceradas. É importante também que os movimentos sociais engajados com a questão das prisões sejam sensíveis a questões de gênero e sexualidade. Para isso, uma nova sensibilidade política precisa ser imaginada e promovida por ambos os lados.

Sobre os autores

Respectivamente, doutoranda no Programa de Pós-Graduação em Antropologia Social da Universidade de São Paulo (PPGAS-USP) e pesquisadora do Núcleo de Estudos sobre Marcadores Sociais da Diferença (Numas) (e-mail: nalago@gmail.com); e doutorando no PPGAS-USP, pesquisador do Numas e membro do Grupo de Trabalho "Mulher e Diversidade" da Pastoral Carcerária da Arquidiocese de São Paulo (e-mail: marciobz@gmail.com). Artigo inédito.

Notas

1 LGBT é a sigla utilizada para fazer referência a lésbicas, gays, bissexuais, travestis e transexuais.

2 As reflexões presentes neste texto tomaram forma a partir da leitura compartilhada de produções acadêmicas que tematizaram prisões e nos ofereceram questões e pontos de apoio. Optamos por não fazer, aqui, uma menção direta a essas leituras que estão, no entanto, indicadas na bibliografia consultada. A discussão que produzimos com base nas pesquisas pode ser encontrada no trabalho apresentado na 40ª Reunião da Anpocs.

3 Em sua definição de gênero, Joan Scott argumenta que "O núcleo da definição repousa numa conexão integral entre duas proposições: (1) o gênero é um elemento constitutivo de relações sociais baseadas nas diferenças percebidas entre os sexos e (2) o gênero é uma forma primária de dar significado às relações de poder" (Gênero: uma categoria útil de análise histórica. *Educação & Realidade*, v.20, n.2, 1995, p.86).

Bibliografia consultada

ANGOTTI, Bruna. *Entre as leis da Ciência, do Estado e de Deus: o surgimento dos presídios femininos no Brasil*. Dissertação de mestrado em Antropologia, Faculdade de Filosofia, Letras e Ciências Humanas, USP, 2011.

BIONDI, Karina. *Junto e misturado: uma etnografia do PCC*. São Paulo: Terceiro Nome, 2010.

BOLDRIN, Guilherme. *Monas, envolvidos e o crime: etnografia com travestis e homossexuais em uma prisão paulista*. Monografia: UFSCAR, 2015.

BRASIL. *Levantamento nacional de informações penitenciárias – Infopen – junho de 2014*. Brasília: Ministério da Justiça, 2014. Disponível em: <http://goo.gl/rcvRXX>.

_____. *Lei n° 11.343, de 23 de agosto de 2006*. Institui o Sistema Nacional de Políticas Públicas sobre Drogas – Sisnad; prescreve medidas para prevenção do uso indevido, atenção e reinserção social de usuários e dependentes de drogas; estabelece normas para repressão à produção não autorizada e ao tráfico ilícito de drogas; define crimes e dá outras providências. Brasília: Diário Oficial da União, 23 ago. 2006.

_____. *Lei n° 7209, de 11 de julho de 1984*. Altera dispositivos do Decreto-Lei n° 2.848, de 7 de dezembro de 1940 – Código Penal, e dá outras providências. Brasília, 1984.

CARRARA, Sérgio; SIMOES, Júlio Assis. Sexualidade, cultura e política: a trajetória da identidade homossexual masculina na antropologia brasileira. *Cadernos Pagu*, Campinas, n. 28, 2007.

CONSELHO NACIONAL DE COMBATE À DISCRIMINAÇÃO; CONSELHO NACIONAL DE POLÍTICA CRIMINAL E PENITENCIÁRIA. *Resolução conjunta n° 1, de 15 de abril de 2014*. Brasília: D. O. U., 17 abr. 2014.

DAVIS, Ângela. *Are Prisons Obsolete?* Nova York: Seven Stories Press, 2003.

FACHINETTO, Rochele Fellini. *A "casa de bonecas": um estudo de caso sobre a unidade de atendimento sócio-educativo feminino do RS*. Dissertação de mestrado em Sociologia, Instituto de Filosofia e Ciências Humanas, UFRGS, 2008.

FELTRAN, Gabriel. *Fronteiras de tensão: um estudo sobre política e violência nas periferias de São Paulo*. Tese de doutorado, Instituto de Filosofia e Ciências Humanas, Unicamp, 2008.

FERRAZ DE LIMA, Jacqueline. *Mulher fiel: as famílias das mulheres dos presos relacionados ao Primeiro Comando da Capital*. Dissertação de mestrado, UFSCAR, 2013.

FERREIRA, Guilherme Gomes. *Travestis e prisões: experiência social e mecanismos particulares de encarceramento*. Curitiba: Multidéia, 2015.

FRY, Peter. *Para inglês ver: identidade e política na cultura brasileira*. Rio de Janeiro: Zahar, 1982.

GODOI, Rafael. *Fluxos em cadeia: as prisões de São Paulo na virada dos tempos*. Tese de doutorado em Sociologia, Faculdade de Filosofia, Letras e Ciências Humanas, USP, 2015.

LAGO, Natália B. *Bate-volta: trânsitos e tensões em torno das visitas à prisão*. João Pessoa: 30ª Reunião Brasileira de Antropologia, 2016.

_____. *Mulheres na prisão: entre famílias, batalhas e a vida normal*. Dissertação de mestrado em Antropologia, Faculdade de Filosofia, Letras e Ciências Humanas, USP, 2014.

LAGO, Natália B.; ZAMBONI, Marcio. Políticas sexuais e afetivas da prisão: gênero e sexualidade em contextos de privação de liberdade. Caxambu: 40° Encontro da ANPOCS, 2016.

MACHADO, Lia Zanotta. Masculinidade, sexualidade e estupro: as construções da virilidade. *Cadernos PAGU*. São Paulo, p.231-273, 1998.

MACHADO, Maíra Rocha; MACHADO, Marta Rodriguez (coords.). *Carandiru não é coisa do passado: um balanço sobre os processos, as instituições e as narrativas 23 anos após o Massacre*. São Paulo: FGV Direito SP, 2015.

MANSO, Bruno Paes. 16 perguntas sobre o PCC. *O Estado de S. Paulo*, 24 jan. 2014.

MARQUES, Adalton. *Crime, proceder, convívio-seguro: um experimento antropológico a partir de relações entre ladrões*. Dissertação de Mestrado, USP, 2009.

MENDES, Luiz Alberto. *Memórias de um sobrevivente*. São Paulo: Cia. das Letras, 2009.

NEGRETTI, Natália. *Madá e Lena entrecruzadas, dois dramas em trama: entre percursos numa tragédia social e uma constituição possível*. Dissertação de mestrado em Ciências Sociais, PUC-SP, 2015.

NUNES DIAS, Camila Caldeira. *Da pulverização ao monopólio da violência: expansão e consolidação do Primeiro Comando da Capital no sistema carcerário paulista*. Tese de Doutorado, USP, 2011.

PADOVANI, Natália Corazza. *Sobre casos e casamentos: afetos e "amores" através de penitenciárias femininas em São Paulo e Barcelona*. Tese de doutorado em Antropologia, Instituto de Filosofia e Ciências Humanas, Unicamp, 2015.

_____. "No olho do furacão": conjugalidades homossexuais e o direito à visita íntima na Penitenciária Feminina da Capital. *Cadernos Pagu*, v.37, 2011.

_____. "Perpétuas Espirais": falas do poder e do prazer sexual em trinta anos na história da Penitenciária Feminina da Capital (1977-2009). Dissertação de mestrado em Sociologia, Unicamp, 2010.

RAMALHO, José Ricardo. *Mundo do crime: a ordem pelo avesso*. Biblioteca Virtual de Ciências Humanas do Centro Edelstein de Pesquisas Sociais, 2008 [1979]. Disponível em <www.bvce.org>.

SAP. *Resolução SAP 11 de 30-1-2014. Dispõe sobre a atenção às travestis e transexuais no âmbito do sistema penitenciário*. Disponível em: <http://www.justica.sp.gov.br/StaticFiles/SJDC/ArquivosComuns/ProgramasProjetos/CPDS/Resolu%C3%A7%C3%A3o%20SAP-n%C2%BA%2011.pdf>.

SCOTT, Joan W. "Gênero: uma categoria útil de análise histórica". *Educação & Realidade*, v.20, n.2, 1995.

SEFFNER, Fernando; PASSOS, Gustavo. Uma galeria para travestis, gays e seus maridos: Forças discursivas na geração de um acontecimento prisional. In: *Sexualidad, Salud y Sociedad: Revista Latinoamericana*, n.23, 2016.

SILVESTRE, Giane. *Dias de visita: uma sociologia da punição e das prisões*. São Paulo: Alameda, 2012.

SINHORETTO, Jacqueline; SILVESTRE, Giane; SCHLITTLER, Maria Carolina. *Desigualdade racial e segurança pública em São Paulo*. Relatório de pesquisa. São Carlos: UFSCar, 2014. Disponível em: <http://goo.gl/RlkWoR>.

VARELLA, Dráuzio. *Estação Carandiru*. São Paulo: Cia. das Letras, 2004.

WACQUANT, Loïc. O lugar da prisão na nova administração da pobreza. *Novos Estudos*, v.80, 2008.

ZAMBONI, Marcio. Travestis e transexuais privadas de liberdade: a (des)construção de um sujeito de direitos. *Revista Euroamericana de Antropologia* (REA), n.2, 2016.

O ENCARCERAMENTO FEMININO COMO AMPLIAÇÃO DA VIOLAÇÃO DE DIREITOS

Bruna Angotti

Escrever sobre o sistema prisional brasileiro atualmente é obrigatoriamente mencionar o quão este é reflexo direto da política encarceradora que presenciamos desde meados dos anos 1980 e início dos 1990 em diversos países, e que chegou ao seu ápice no Brasil neste início do século XXI. O exponencial crescimento da população prisional em todo o mundo, atualmente composta por mais de 10 milhões de pessoas – o equivalente à população total de países como Portugal ou Grécia ou de cidades como Tóquio –, sendo aproximadamente 700 mil mulheres e meninas,[1] é a marca do tempo presente. "Encarceramento em massa" e "boom do sistema carcerário" são expressões usuais em textos e discursos críticos ao sistema penitenciário brasileiro e de países que utilizam o aprisionamento como resposta principal à prática de conduta considerada crime.

Atentando especificamente para o sistema prisional feminino, percebe-se que a tendência à ampliação deste também é mundial. Dados brasileiros coincidem proporcionalmente aos de países como Chile, Argentina, México, Inglaterra e Estados Unidos. Apesar de o sistema prisional ser predominantemente masculino (a média mundial de mulheres presas é de 6% do total de presos), o aumento do encarceramento feminino tem ampliado os olhares para os espaços de confinamento de mulheres, tendo, nos últimos anos, aumentado a produção acadêmica e jornalística sobre a temática.

No Brasil, o relatório *Levantamento nacional de informações penitenciárias – Infopen mulheres – junho de 2014*,[2] lançado em 2015, apresentou dados impactantes sobre o encarceramento feminino. Dentre estes um chama especial atenção: a ampliação, entre 2000 e 2014, de 567,4% da população prisional feminina, atualmente composta por aproximadamente 37.400 mulheres. Que era galopante o aumento desta desde o início do século XXI não é novidade, mas a proporção do crescimento destaca o tamanho do problema, evidenciando que o encarceramento em massa atinge também e principalmente, em números relativos, as mulheres, já que no mesmo período o aumento do encarceramento masculino no país foi de 220,20%.

Problematizar o aprisionamento feminino é necessário, pois é somente a partir daí que é possível sistematizar dados, mapear violações, denunciá-las, aumentar o controle social sobre as instituições, chamar a atenção da população para o problema e propor saídas criativas ao desolador cenário que se configura com a curva ascendente do encarceramento de mulheres. Para tanto duas dimensões são importantes e devem ser igualmente consideradas: a macro, que consiste em entender o aprisionamento feminino dentro de uma lógica mais ampla de encarceramento, considerando as universalidades da prisão; e a micro, que leva em conta as particularidades de prender mulheres considerando-se as características de seu corpo biológico e do gênero feminino, ou seja, as expectativas de comportamento voltadas ao papel social esperado da mulher.

Sob a perspectiva macro, um ponto de partida principal é o de que a lógica da prisão enquanto espaço de confinamento de corpos para inculcar-lhes uma pena e retirá-los do convívio social é válida para o sistema como um todo. Trata-se de um espaço de privação de liberdade e autonomia, no qual junto com esta outros inúmeros direitos são igualmente violados, como a convivência familiar, o direito à educação e ao trabalho e a dignidade humana. Dizer que a pena de prisão é privativa de liberdade é um eufemismo sem tamanho – a liberdade é apenas um, dentre tantos direitos fundamentais usurpados pelo aprisionamento. Recente relatório produzido pela Pastoral Carcerária Nacional[3] parte do pressuposto de que a prisão, por si só, já é uma forma de tortura, ainda que dentro dos limites do sofrimento aceito na lei. Isso porque os efeitos da privação da liberdade na vida de uma pessoa, além das violências do enclausuramento em si, causam ruptura de vínculos e geram estigmas que a acompanharão pela vida pessoal e profissional. Quando se considera a precariedade do aprisionamento no país e o não cumprimento da Lei de Execução Penal (7210/84 – LEP), da Constituição Federal de 1988 (CF) e de tratados e regras internacionais assinados pelo Brasil, como as regras mínimas para o tratamento dos prisioneiros (ONU) e as regras de Bangkok (ONU), percebe-se que o que temos é um sistema de tortura permanente, que violenta ainda mais que a violência do cárcere em si. Já olhando para o aprisionamento de homens e mulheres é inegável que há particularidades em cada um deles, seja devido à estrutura binária que separa os sexos em duas categorias distintas atribuindo-lhes papéis sociais próprios, aos efeitos sociais dessa divisão, ou mesmo às características físicas do corpo feminino. É justamente nessa interface entre sexo/gênero que residem os principais elementos que tecem a micro lógica do aprisionamento de mulheres.

Poucas são as instituições construídas especificamente para abrigar mulheres – em geral a prisão feminina é uma decorrência da masculina, sendo seus espaços adaptados em prédios antes destinados ao aprisionamento de homens ou a outras funções. Fazendo um breve retorno histórico,[4] as prisões femininas foram criadas no Brasil no final da década de 1930, início dos anos 1940 – antes disso as mulheres ocupavam celas específicas em prisões masculinas –, a partir de uma parceria do Estado com a Congregação de Nossa Senhora do Bom Pastor D'Angers, congregação francesa, com missão de expansão e de cuidado com mulheres em descaminho no mundo todo. Tais instituições tinham em sua base uma missão correcional – colocar as mulheres de volta no eixo! E que eixo era esse? O das expectativas de gênero – boa mulher, boa mãe, boa esposa, boa funcionária. Se a mulher rompesse com esse estereótipo, ela estaria rompendo com a expectativa de gênero – comportando-se fora do previsto, portanto, devendo ser corrigida.

Na década de 1940, o que mais aprisionava mulheres eram os tipos da lei de contravenção penal, em especial o escândalo, o alcoolismo e a vadiagem. E hoje? O que perturba? Qual a pedra no sapato? O que querem limpar das cidades? Quem são as perigosas e escandalosas? As usuárias de drogas e as drogas. E isso não é somente no Brasil – é uma tendência mundial. A política da guerra às drogas tem atingido cada vez mais mulheres – a maioria das presas em países com cenários de encarceramento em massa o está por situações envolvendo o uso problemático ou a venda de drogas. No Brasil, por exemplo, o *Infopen Mulheres* divulgou que 68% do sistema prisional feminino é composto por mulheres presas por tráfico, sendo essa porcentagem de aproximadamente 60% na Argentina, 68% no Chile e mais de 60% nos Estados Unidos. Para se ter uma dimensão do quanto a política de drogas atinge principalmente as mulheres, no Brasil apenas 25% dos homens estão presos por crimes relacionados diretamente às drogas ilícitas.

Processos econômicos e políticos globais devem ser considerados para a compreensão do boom do encarceramento de mulheres. Dentre eles vale ressaltar o regime internacional de proibição das drogas e suas consequências nacionais; o aumento do fluxo de mercadorias e pessoas com a liberalização dos mercados e a facilitação da circulação entre fronteiras (elemento importante quando em pauta as presas estrangeiras); e a globalização e a consequente ampliação dos mercados formais, mas também informais e ilegais (nacionais e transnacionais). Nesse contexto é possível apontar uma entrada cada vez maior das mulheres nos mercados de trabalho, tanto nos formais quanto nos informais e ilegais.

Em especial no que diz respeito às mulheres de baixa renda, a inclusão nos mercados não vem acompanhada de superação da exclusão social. Assim, persistem nas camadas periféricas exclusão social e desigualdade econômica somadas a questões sociais estruturais mais amplas, como violência e opressão de gênero. A necessidade de complementação de renda é relatada como uma das principais razões de envolvimento das mulheres com o mercado ilícito (em especial de drogas), no qual há igualmente divisão sexual do trabalho e às mulheres cabem postos precários e arriscados, como o transporte de drogas tanto no âmbito doméstico como internacional (mulas), bem como outras atividades na linha de frente em espaços de mais fácil acesso e maior visibilidade perante o sistema de justiça criminal. Nesse cenário, as mulheres pobres e negras em sua maioria passaram a fazer parte, de forma cada vez mais clara, do filtro da seletividade do sistema de justiça criminal. Atualmente 67% das mulheres presas no Brasil são negras.

O fato de o Judiciário nacional lidar com drogas com extremo rigor punitivo, independentemente da quantidade traficada e das circunstâncias do crime, interpretando a Lei 11.343/2006 de maneira subjetiva, seletiva e, portanto, desigual, é um importante elemento no encarceramento em massa de pessoas enquadradas como traficantes, o que afeta diretamente as mulheres. Isso porque o artigo 33 da referida lei não especifica quantidade para que se configure tráfico, sendo arbitrária a maneira como se diferencia quantidade para consumo próprio, tratada de forma branda pela lei, *versus* quantidade considerada tráfico. Tal interpretação fica a critério do sistema de justiça criminal (desde a abordagem policial até a sentença final do juiz) promovendo uma espiral de encarceramento por tráfico daqueles que estão no alvo da seletividade das agências de controle do crime. Pesquisas mostram que há pouquíssimas mulheres presas por ocuparem cargos de gerência no tráfico; quando não usuárias, a maioria parte de uma linha de frente do mercado de drogas, facilmente substituível, escancarando que a prisão é uma resposta ineficaz se o objetivo é guerrear contra as drogas, mas eficaz se é conter pessoas em situação de vulnerabilidade social.

O encarceramento em massa de mulheres tem gerado uma série de consequências práticas relevantes, dentre elas o já mencionado aumento progressivo do sistema prisional feminino; o excesso de presas provisórias, sendo 30% do total de presas composto por mulheres aguardando julgamento; superlotação prisional; deficiências de assistência à saúde, em especial nas cadeias públicas e locais onde há provisórias; aumento do risco de contágio de doenças infecto contagiosas como sífilis, tuberculose e hepatite; realização de trabalho não emancipatório e alienante a remunerações baixíssimas; e ausência de vagas em regime mais benéfico. Além disso, grande parte dessas mulheres são mães, o que gera consequências extramuros graves, como a perda do poder familiar sobre os filhos, a ida das crianças para abrigos caso esta não tenha família com quem deixá-los, correndo-se inclusive o risco de perda da criança para adoção, sem contar a ruptura com os laços de afeto e convivência, constantemente narrada por mulheres em situação de prisão.

As implicações, como se pode perceber, não estão restritas ao período em que se vivencia a prisão, mas extrapolam as grades e os muros, excedendo a pena o seu tempo determinado. O fato de 68% das mulheres presas terem entre 18 e 34 anos já é um indício dos efeitos do cárcere extramuros – essas mulheres estão em idade economicamente ativa, e a prisão retira destas a possibilidade de integrar o mercado de trabalho, bem como as rotula, tornando mais difícil conseguir emprego formal pós-cárcere. Além disso, pesquisas feitas nos Estados Unidos mostram que o aprisionamento aumenta o risco de mulheres que passaram pela prisão desenvolverem doenças cardiovasculares, diabetes, pressão alta e obesidade,[5] dado importantíssimo de ser investigado no Brasil, considerando-se semelhanças no cenário de encarceramento.

É necessário também atentar para o exercício de maternidade por mulheres em situação de prisão, uma vez que é realidade enfrentada por parte das presas, que adentram o sistema penal grávidas e não engravidam em visitas íntimas, como comumente se imagina. Em 2014 a pesquisa *Dar à luz na sombra* (IPEA/MJ)[6] mapeou o exercício de maternidade em estabelecimentos prisionais considerados referência no atendimento a mães e bebês ou que tinham em prática alguma política de cuidado para com esse público, em seis estados brasileiros. As conclusões da pesquisa são principalmente as de que toda maternidade em situação prisional é vulnerável, dados os efeitos biopsicossociais do cárcere e que, portanto, uma melhor possibilidade de exercício de maternidade ocorrerá sempre fora da prisão; que os espaços específicos para exercício da maternidade são excepcionais e localizados somente em algumas capitais e que ainda assim não cumprem integralmente a legislação; que há um descompasso entre o excesso de permanência das mães com seus filhos durante os primeiros meses de vida nos espaços materno-infantis e, em seguida, a súbita ruptura da convivência, sem qualquer cuidado de transição;[7] a falta de acesso à justiça é um entrave para a garantia de direitos nesses espaços, em especial daqueles previstos para mulheres grávidas ou lactantes; que a liberdade provisória é exceção e não regra e que pouco se aplicam medidas cautelares de prisão domiciliar em substituição da prisão preventiva; que o mínimo legal de seis meses previsto para permanência de mães com seus filhos na prisão é, na maioria das unidades visitadas, o tempo máximo permitido; que o cumprimento das leis que já existem, como a CF, a LEP, o Código de Processo Penal, o marco civil da primeira infância, o Estatuto da Criança e do Adolescente e as normativas internacionais assinadas pelo país, seria um passo importante para o desencarceramento de mulheres em condição de prisão.

*

No cárcere o *status* de desviante é carimbado de vez nas mulheres, mas, possivelmente não é a primeira vez – o passaporte do desvio já foi carimbado outras vezes na rua, nas relações extragrades com a polícia, em casa, na escola e, por que não?, em instituições de abrigamento e do sistema socioeducativo. O cárcere representa mais um lugar violento dentre tantos outros de vivências anteriores. A prisão é um potente espaço de estigmatização, em um contexto de opressões estruturais de sexo, gênero, raça e classe. Mas não é o único. Denunciá-la é apontar estruturas de desigualdades mais amplas que também restringem autonomias, liberdades e direitos extramuros. É mostrar que estamos em luta contra a desigualdade social, de gênero e racial que movem o capitalismo. É convidar companheiras e companheiros a terem como máxima os dizeres da escritora militante Audre Lorde: "Não serei livre enquanto alguma mulher for prisioneira, mesmo que as correntes dela sejam diferentes das minhas".

Sobre a autora

Doutoranda e mestra em Antropologia Social pela Universidade de São Paulo e professora da Faculdade de Direito da Universidade Presbiteriana Mackenzie. Autora do livro *Entre as leis da ciência, do Estado e de Deus: o surgimento dos presídios femininos no Brasil* (IBCCRIM, 2012) e cocoordenadora da pesquisa *Dar à luz na sombra: condições atuais e futuras para o exercício da maternidade por mulheres em situação de prisão* (IPEA/MJ), disponível em: <http://pensando.mj.gov.br/publicacoes/dar-a-luz-na-sombra-condicoes-atuais-e-possibilidades-futuras-para-o-exercicio-da-maternidade-por-mulheres-em-situacao-de-prisao/>. Versão atualizada de artigo publicado pelo *Le Monde Diplomatique Brasil* em dezembro de 2015.

Notas

1 Dados publicados pelo International Centre for Prison Studies, disponível em: <http://www.prisonstudies.org/sites/default/files/resources/downloads/world_female_imprisonment_list_third_edition_0.pdf>.

2 Disponível em: <http://www.justica.gov.br/noticias/estudo-traca-perfil-da-populacao-penitenciaria-feminina-no-brasil/relatorio-infopen-mulheres.pdf>. Trata-se da primeira publicação do Infopen, produzido pelo Departamento Penitenciário Nacional, a abordar exclusivamente o sistema penitenciário feminino.

3 Pastoral Carcerária Nacional. *Tortura em tempos de encarceramento em massa*, 2016. Disponível em: <http://carceraria.org.br/wpcontent/uploads/2016/10/Relat%C3%B3rio_Tortura_em_Tempos_de_Encarceramento_em_Massa-1.pdf>.

4 Ver Bruna Angotti. *Entre as leis da ciência, do Estado e de Deus: o surgimento dos presídios femininos no Brasil*. São Paulo: IBCCRIM, 2012.

5 Ver, por exemplo, os dados apresentados no artigo "Things fall apart: Health consequences of mass imprisonment for african american woman", de Christopher Wildeman

e Hedwig Lee (2011), disponível em: <http://link.springer.com/article/10.1007%2Fs12114-011-9112-4#/page-1>.

6   Pesquisa coordenada pela professora doutora Ana Gabriela Mendes Braga (Unesp) e coco-ordenada pela professora Bruna Angotti. Para acesso, ver créditos da autora deste artigo.

7   Sobre o tema, ver Bruna Angotti e Ana Gabriela Mendes Braga. "Da hipermaternidade à hipomaternidade no cárcere feminino brasileiro". *SUR 22*, 2015. Disponível em: <http://sur.conectas.org/da-hipermaternidade-hipomaternidade-no-carcere-feminino-brasileiro/>.

"LUANA BARBOSA DOS REIS, PRESENTE!": ENTRELAÇAMENTOS ENTRE DISPOSITIVOS DE GÊNERO E FEMINISMOS OCIDENTAIS HUMANITÁRIOS DIANTE DAS VIOLÊNCIAS DE ESTADO

Natália Corazza Padovani

Chamo atenção para o assassinato de Luana Barbosa dos Reis, cometido por policiais militares na cidade de Ribeirão Preto (SP) em abril de 2016. Após ser "confundida" com um "menino preto" e ter pedido para ser revistada por uma policial mulher portando em suas mãos o "documento" que a identificava como "mulher", Luana foi barbaramente torturada e espancada até a morte. Esta mesma Luana, assassinada pela polícia por parecer um "menino preto", foi quem eu conheci na Penitenciária Feminina da Capital como Luan e que vivenciava seu corpo, seus desejos, seu nome de modo transitório entre as categorizações de gênero femininas e masculinas. Desde uma escrita etnográfica/política/feminista, o presente artigo tem como objetivo produzir um espaço de reflexão sobre quais discursos humanitários são voltados para as especificidades de gênero nas prisões femininas, bem como para as incidências de violências e torturas de Estado.

*

Tendo feito pesquisas e atuado como voluntária, ativista em organizações da sociedade civil organizada voltadas para os direitos das pessoas presas em prisões femininas desde 2003,[1] confesso que sempre fico insegura quando sou convidada para falar numa mesa ou escrever artigos que tenham como título ou missão discorrer sobre o "encarceramento feminino". Afinal, este é um tema, ou uma nomeação, tecido pela defesa de direitos específicos: os direitos das mulheres encarceradas. Mas como não poderia deixar de ser, o tema do "encarceramento feminino" tem operado de modo absolutamente genérico, longe de dar conta das especificidades e polissemias do cotidiano vivenciado nas "prisões femininas".

Ao mesmo tempo, a genericidade operativa do termo "encarceramento feminino" não surpreende. Isso porque assim operam os processos de Estado dos quais somos parte. Criando especificidades, produzindo esquadrinhamentos, lançando todos os sujeitos das populações numa grande planilha de Excel que nos organiza em contingentes numéricos. Contingentes que dizem, por exemplo, que 94% das pessoas presas no Brasil são homens e 6% mulheres.[2] Contingentes que dizem, portanto, que falar de mulheres presas é falar daqueles específicos 6%. Falar da mesma generalidade que esse número possa representar. Afinal, o que é "encarceramento feminino"? O encarceramento de mulheres? Mas o que são as mulheres?

Se nos voltarmos para os argumentos das feministas do "terceiro mundo" – como ironicamente Chandra Mohanty e Gayatri Spivak nomearam, na década de 1980, feministas que, como elas, eram indianas, negras, egípcias, ou melhor, de fora do eixo euro-americano, com vistas a produzir dissonância às grandes narrativas feministas brancas sobre os direitos das "mulheres do terceiro mundo" pensadas aí como um corpo amorfo, pré-histórico e pré-relacional, incapaz de qualquer agência ou atividade política[3] –, não há exatamente igualdade nas experiências vividas pelas mulheres. Há antes muitas divergências entre as significações do que é ser mulher. Significações que complexificam os sentidos de categorias utilizadas de modo tão amplo. Significações as quais, por mais importantes que sejam no âmbito político, não podem deixar de, nesse mesmo âmbito, serem contestadas e questionadas. Caso contrário, as retóricas humanitárias correm o risco de reiterarem os mesmos atributos de gênero que edificam as prisões. Atributos que esquadrinham em percentagens homens como criminosos e mulheres como vítimas de seus aliciamentos para a "vida do crime". Atributos que ao edificarem as instituições de Estado como a prisão e a polícia têm, todavia, efeitos de sangue e carne naqueles que, por fim, não são estatísticas, mas pessoas as quais vivem e morrem, ou são feitas morrer.

É pelo sangue da vida e da morte que, neste espaço reservado para a produção de uma reflexão sobre "direitos humanos", não poderei tecer outra escrita senão uma que fez-se escorrer: a vida e a morte de Luana Barbosa dos Reis Santos. Não há como não falar de Luana.

Ela, a quem conheci como Luan, foi assassinada por policiais que a abordaram na rua de sua casa, especificamente em um bar onde ela parou a moto em que carregava o filho de 14 anos na garupa, para cumprimentar um amigo. Ela levava seu filho na escola e era tarde de uma sexta feira, *8 de abril de 2016*. Não poderei narrar, com minhas próprias palavras, o seu assassinato. Sobre sua morte, faço uso das letras de Alê Alves e André Caramante:[4]

"Corre que eles vão matar a Luana". Foi pelo aviso de uma vizinha que familiares de Luana Barbosa dos Reis Santos, 34 anos, começaram a entender o porquê dos gritos e tiros que tomaram a vizinhança, na noite de 08 de abril. Ao parar para cumprimentar um amigo que estava no bar na esquina da rua de sua casa, no bairro Jardim Paiva II, na periferia de Ribeirão Preto, Luana foi abordada e espancada por policiais militares e morreu cinco dias depois, em decorrência de uma isquemia cerebral causada por traumatismo crânio encefálico. Os PMs *Douglas Luiz de Paula, Fábio Donizeti Pultz e André Donizeti Camilo*, do 51º Batalhão da corporação, são investigados sob suspeita do espancamento que causou a morte de Luana. Procurado desde o dia 19 de abril para se manifestar sobre a morte de Luana, o comandante-geral da PM, coronel Ricardo Gambaroni, ficou em silêncio. Segundo a irmã Roseli, Luana saiu de casa para levar o filho a um curso de informática, no centro da cidade. "Foi questão de dez minutos para começarem os gritos e os tiros. Ao abrirmos o portão, já estava uma cena de guerra, com policial apontando arma, vizinhos correndo e minha irmã gritando pedindo ajuda". Ao se aproximar do bar com outros familiares, Roseli diz ter visto a irmã ajoelhada, com as mãos para trás, com uma bermuda preta, sem camisa e só com um top. Segundo ela, havia dois policiais imobilizando Luana, um deles com sangue no lábio – o mesmo policial que apontou uma arma para Roseli e sua mãe dizendo "entra [para a sua casa], se não morre". Em um vídeo gravado por familiares após as agressões, Luana diz que policiais a mandaram abaixar a cabeça e colocar as mãos para trás (as palavras de Luana são): "Aí eu comecei a apanhar, já me deram um soco e um chute". No vídeo, Luana ainda diz: "Falou que ia me matar e matar todo mundo da minha família. Eu vomitei até sangue. Falou que vão matar todo mundo. Não é só eu não, vão matar até meu filho. Meu filho está morto, eles falaram". Testemunhas relataram aos familiares que policiais chutaram Luana para fazê-la abrir as pernas, o que a fez cair no chão. Ao se levantar, Luana deu um soco em um dos policiais e chutou o pé de outro. A partir de então, os policiais começaram a bater em Luana com cassetetes e com o capacete que ela usava ao dirigir a moto. Roseli diz que, após ameaçarem ela e sua mãe, policiais entraram em sua casa, alguns deles escoltando o filho de Luana. Perguntaram se ela morava ali, se ela usava ou traficava drogas, se ela roubava, no que ela trabalhava e revistaram o quarto dela e objetos de outros familiares. Os policiais não falaram porque abordaram ela e saíram de casa sem falar o que estavam procurando. Em seguida, os policiais se dirigiram para a casa da companheira de Luana e repetiram perguntas e revistas. Familiares disseram que não conseguiram se aproximar de Luana, pois a área foi isolada por carros da Polícia Militar. Segundo testemunhas, o filho de Luana, de 14 anos, presenciou tudo, escoltado por policiais. Perguntados sobre Luana e a moto, os policiais disseram que ela e o veículo estavam com documentos em ordem e apenas com um pequeno problema no lacre da placa, que havia sido levado para o 1º Distrito Policial. Na delegacia, somente um familiar teve a entrada autorizada. Ele diz que Luana estava algemada, "só de top e cueca preta". "Coloquei uma camiseta nela. Ela estava meio deitada em um sofá, com olhos fechados, inchaço na cabeça e vomitando algumas coisas brancas". O familiar diz ter conversado com ela por poucos minutos, sendo solicitada a sua retirada da delegacia em seguida. Cerca de uma hora depois, ele entrou novamente, pois o chamaram para fazer ela assinar o termo circunstanciado e o Boletim de Ocorrência, que eles registraram por lesão corporal e desacato à autoridade. No Termo Circunstanciado do caso, *assinado pela delegada da Polícia Civil de SP Patrícia de Mariani Buldo*, a versão de Luana para a acusação de que ela teria agredido um dos PMs é resumida em 23 palavras, em duas linhas: "A declarante nega os fatos. Diz não ter agredido os policiais militares e nega ter ofendido-os no exercício de suas funções. Nada mais". Depois de ler os documentos, o familiar ajudou Luana a assiná-los. "Joguei ela no meu ombro e fiz ela assinar o B.O. Ela não estava enxergando, fui tentando guiar ela para assinar. Eles falaram que se não assinasse, a gente não ia sair dali", relata. Ao sair da delegacia, ela estava desfigurada, quase inconsciente. Suja, só de meia nos pés, sem sapato. "Ela não conseguia abrir os olhos, estava com a fala enrolada", relata Roseli. No vídeo, Luana pede para ir para casa tomar um banho. Familiares dizem que, por medo de represálias, decidiram atender o pedido e não registraram um B.O. naquele momento. Luana foi internada no hospital somente no dia seguinte, depois de apresentar febre e reclamar de dores. Ao dar entrada no Hospital das Clínicas de Ribeirão Preto, Luana já estava com suspeita de A.V.C., relata Roseli: "Fizeram exames para confirmar as suspeitas, mas falaram que era um caso grave e que não sabiam se as sequelas eram reversíveis". O exame de corpo de delito foi realizado somente na terça-feira (12/04) pela manhã. "Quando o hospital pediu o exame de corpo de delito para o IML, perguntaram se a paciente era a agressora dos policiais", conta Roseli. Após cinco dias de internação, Luana morreu por traumatismo crânio encefálico e isquemia cerebral. Ela teve os órgãos doados pela família.

A reportagem de André Caramante e Alê Alves é ainda mais longa e detalhada. Ela contrasta fortemente com os demais portais de notícias acessados nos quais a morte de Luana é citada como um evento cotidiano, ganhando repercussão, somente, porque Roseli, irmã de Luana, é professora, estudou e morou em Paris por oito anos. Roseli acionou toda a sua rede fazendo com que a morte de Luana chegasse ao tribunal de Haia, à Anistia Internacional e à ONU. Mas quando eu perguntei a ela se eles estavam precisando de alguma coisa, Roseli me disse que precisavam de acolhimento. Que estava insuportável. Que eles não precisavam mais de advogados, mas sim de carinho.

Como falar sobre a dor dessa morte? Porque trágico e a despeito do indizível que é o *assassinato* de Luana, ele fala. E eu devo falar.

Voltando ao tema do "encarceramento feminino", foi na prisão que eu conheci Luan. Na Penitenciária Feminina da Capital onde ele ficou preso por cerca de três anos, saindo em "liberdade condicional" em 2009. Comecei meu relato chamando Luana de Luana, mas a conheci como Luan. Na época, era assim que ele gostava de ser chamado: Luan. Mas como disse sua irmã Roseli, agora Luan gostava de ser chamada de Luana. Ou, em suas palavras: "Parece que na internet estão fazendo um debate sobre o caso ser tratado como *lesbofobia* ou *transfobia*, Luana teve fases transitórias. Ninguém tem uma identidade fixa e a da minha irmã também não era".[5] A questão era essa, Luan não tinha uma identidade fixa! Aliás, quando o conheci, sua então companheira Rosângela dizia ter se apaixonado por ele porque, ao contrário da maioria dos "sapatões" da prisão, Luan fazia questão de não esconder seu filho, fruto de uma relação heterossexual. Mais do que por nunca ter se relacionado com um homem, portanto, para Rosangela, Luan provava que era *sujeito homem*, porque assumia sua família e *corria pelo certo*. Ele dissipava os questionamentos lançados à sua biografia sexual ao iluminar, ao mesmo tempo, a "boa conduta familiar" e o corpo, ambos simultaneamente masculinos e femininos: *transitórios*.[6]

A despeito de sua transitoriedade, ou justamente por causa dela, no dia 6 de maio, Luan e eu fomos à Defensoria Pública no Fórum da Barra Funda para demandar o direito de visita e visita íntima a sua então companheira, Rosângela, a quem Luan havia conhecido durante o período de sua pena naquela unidade prisional de onde ele saiu antes que ela. Naquela sexta-feira, 6 de maio de 2011, um dia depois da votação histórica do Supremo Tribunal Federal que reconheceu as uniões estáveis civis homossexuais como "igualitárias" juridicamente às uniões civis heterossexuais, Luan e Rosângela, que não se viam há mais de um ano e ainda assim mantinham o casamento, vislumbravam a possibilidade de resolução para o sofrimento imputado ao casal pela distância decorrente da liberdade de Luan e a permanência de Rosângela na prisão.

Como todos os dias, em 6 de maio de 2011 os portões do Fórum Criminal da Barra Funda foram abertos, pontualmente ao meio dia. Os policiais militares que fiscalizavam a entrada gritavam: "primeiro, entram mulheres, crianças e idosos!". Nessa hora, Luan desconcertado dizia: "só falta pedirem meu documento! É muita humilhação!". Para ele, aquela era mais uma situação desconfortável de exposição. Mostrar o documento significava fixar sua transitoriedade em identificações possíveis para a polícia: mulheres, crianças, idosos ou homens. Perante essas opções, como explicar aos representantes do Estado a existência de Luan?

Chegando à Defensoria Pública, no subsolo do Fórum, pegamos uma senha e nos sentamos para aguardar o atendimento. Logo chamaram pela senha de Luan, que seguiu até a entrada para o atendimento com os defensores; eu teria que esperar. Horas depois, Luan saiu do atendimento procurando um banheiro. Disse-me que estava passando mal. Logo, amoleceu, perdeu os sentidos do corpo e desmaiou. Com ajuda de um senhor que passava pelo corredor onde estávamos, o levei até o banheiro e molhei seu rosto. Ele acordou, me pediu desculpas e disse: "A defensora pública acabou de ver que Rosângela vai sair em liberdade!". Rosângela havia ganhado a apelação de modo que sua pena havia diminuído consideravelmente. Pelas contas da defensora pública, Rosângela sairia da prisão antes do dia 20 de julho de 2011. Ao saber da notícia, Luan começou a tremer e sentir dores na barriga. A liberdade de sua companheira Rosângela era uma inesperada alegria, uma reviravolta em sua vida que o fez desmaiar de emoção; Luan me contava a novidade suando febril, com lágrimas nos olhos.

A história de Luan e Rosângela falava-me de afetos, amores e suportes tecidos pelo companheirismo que possibilitava a manutenção da vida através dos elos enredados no "encarceramento feminino". Mas aquela história falava-me ainda sobre o sofrimento imputado ao corpo e aos amores de Luan que não atendiam a qualquer expectativa de atributos de gênero e sexualidade. Luan era muito mãe para ser somente Luana e muito masculino para ser somente Luan. Era a dor que Luan sentira ao se ver obrigado a mostrar seu documento para os policiais dos portões do Fórum da Barra Funda que me vinha à cabeça sempre que eu pensava em Luana levantando a camiseta para mostrar seus seios aos policiais que a mataram na tentativa desesperada de convencê--los de que ela era "mulher".

Luan era um corpo em dor.[7] Seu corpo não cabia nas limitadas opções de fila, de banheiro, nem de unidades penitenciárias. Era um corpo sobre o qual os instrumentos cirúrgicos do dia a dia incidiam mais fortemente. Mas se o corpo de Luan, em 2011, na Defensoria Pública, não necessariamente sangrava, ele antes desfalecia, perdia os sentidos em meio à sua luta pela regulação dos seus afetos. Para Luan, ser reconhecido como sujeito de direitos implicava na esperança em adquirir um estatuto de cidadania o qual (ao menos em nossos sonhos) o possibilitaria visitar Rosangela na prisão, fazer sexo com ela na prisão, ter os prazeres do gozo, do amor e do afeto regulado pelos aparelhos de Estado: um casamento. Esse é o efeito estado das sociedades de controle. Elas "libertam" aqueles que governam, sujeitando os corpos que ocupam as fronteiras normativas aos processos de deixar ou fazer morrer.

Chamando atenção para a transitoriedade do corpo de Luana, bem como para a sua luta ativa pelo direito à visita e à vivência do amor e dos prazeres construídos por Rosangela e Luan através e na prisão, talvez tenha, ao menos um pouco, feito entrever que falar de "encarceramento feminino" é muito mais do que falar sobre as "especificidades da mulher presa" vinculadas aos seus órgãos reprodutivos, ou ainda, vinculadas aos atributos de "abandono", "opressão", "cooptação" e "subordinação" recorrentemente relacionados ao corpo amorfo da "mulher presa" produzido, quase sempre, por ativistas, feministas e funcionárias a partir de posições de classe e raça assimétricas em suas relações com o campo do "encarceramento feminino".

Ao longo de todos os anos em que fiz trabalho de campo em penitenciárias femininas, não poucas vezes escutei narrativas que teciam conexões entre "amor", "abandono", "subordinação" e "vitimização" à "prisão feminina". Eram quase sempre acionadas por assistentes sociais e integrantes de organizações de direitos humanos. Era assim que parte dessas agentes me explicava como "a grande maioria das mulheres" era "levada" por seus companheiros a cometer crimes ou como as prisões femininas são marcadas por aquilo que uma vertente dos feminismos chama de "sobreposição de opressões".[8] Já nos pátios das prisões, eu ouvia "mulheres presas" falarem sobre seus "casos" com outras presas, sobre seus "casamentos" com seus maridos, esposas, namorados, namoradas, amantes... Nesses relatos, elas às vezes aludiam a como suas relações afetivas as tinham levado para a prisão e, por outro lado, sobre como alguns vínculos tornavam mais fáceis os cumprimentos das penas. Sobre como por meio deles elas tinham perspectivas de moradia, auxílio material e suporte emocional "dentro/fora" da penitenciária. As narrativas dos pavilhões eram, assim, atravessadas por "sofrimentos" nomeados como "saudades", "medos", "dores físicas", "doenças", mas não só. As palavras das "mulheres presas" mostravam como "amores", "afetos" e "cuidados" eram acionados como ferramentas privilegiadas para a produção de arranjos vinculados à manutenção da vida, às comidas, às atenções e aos prazeres (sim, aos prazeres!) que tornavam factível viver a/na prisão.

Já em nome de uma ação humanitária, ou ainda, com vistas a "sensibilizar a sociedade para as especificidades do encarceramento feminino", algumas calamidades têm sido sistematicamente elegidas para serem postas sob os holofotes que as aumentam sobremaneira, de tal modo a invisibilizar problemáticas atreladas às vivências reais das pessoas em cumprimento de pena nas prisões ou mesmo invisibilizar os contextos que permitem a efetivação dessas tragédias.

O exemplo mais evidente desse processo discursivo nas penitenciarias femininas é o acionamento estratégico, feito reiteradamente pelas gestoras e agentes do humanitarismo vinculado ao campo do "encarceramento feminino", de uma história particular na qual uma mulher presa na Penitenciária Feminina de Franco da Rocha estava menstruada e *em uma cela de castigo*. Durante o período em que esteve detida na cela de castigo, isolada portanto do convívio com as demais pessoas em cumprimento de pena naquela unidade, ela não teve acesso a absorventes higiênicos de modo que, como contou a um advogado da Pastoral Carcerária, utilizou miolo de pão para conter o fluxo menstrual.

A partir dessa história, dessa calamidade compartilhada em um lugar de escuta do qual partilhavam o advogado da Pastoral Carcerária e a mulher que passou dias detida em uma cela de castigo menstruada e fazendo uso do miolo de pão como absorvente higiênico, produziu-se uma narrativa amplamente acionada pelos agentes das "ações humanitárias" voltadas para o campo das prisões femininas. Isso tornou-se um argumento político utilizado por parte das pessoas interessadas na "melhoria das condições de vida nas prisões femininas". Ele decorre de um acontecimento real, uma situação de tortura que, de outro modo, tem sido invisibilizada pelos usos descontextualizados do "miolo de pão" que lança todo o foco para os absorventes, jogando sombra para as situações do *castigo* a que podem estar submetidas mulheres menstruadas, grávidas, parturientes, bem como homens esmerdeados, travestis estupradas com seus cabelos raspados.[9]

O sangue menstrual ganha efeito de magnitude sendo lançado mais luz a ele do que para a própria prática do castigo e, principalmente, para a prática perversa do encarceramento intimamente relacionada às violências e assassinatos de Estado – como o extermínio da juventude negra, em grande parte, masculina à qual relacionam-se os atributos de opressão e subordinação que adjetivam as tais redes de aliciamento das "mulheres" de que falam parte dos agentes das organizações humanitárias. Atributos os quais reiteram os mesmos processos de criminalização por meio dos quais Luan foi violentado, abusado, torturado e morto. Afinal, foi por ser uma mulher que parecia um "homem negro" que Luana Barbosa dos Reis foi brutalmente assassinada pelos policiais. Foi por não se submeter às normativas do corpo submisso e cooptável socialmente relacionado ao "feminino" que Luan foi violentado, torturado e assassinado. Antes, Luan foi abordado pela operação policial por ser um "menino preto" na periferia de Ribeirão Preto que levava na garupa outro "menino preto".

Da torção de seu assassinato ser reconhecido na internet por *lesbofobia* ou *transfobia*, como chamou atenção sua irmã Roseli, antes a abordagem de Luan atendia aos dispositivos cotidianos da Polícia Militar do Estado de São Paulo: parar, deter, torturar e matar meninos jovens pretos favelados.[10] As matizes de seu assassinato pela polícia são complexificadas quando, somadas à camada da violência de Estado ordinária, tem-se que Luan era Luana Barbosa dos Reis. Mãe, preta, com antecedentes criminais, sapatão e moradora das periferias do estado.

Se devemos aos feminismos as possibilidades de refletirmos sobre os processos de linguagem que perversamente produzem "mulheres / homens normais" e "sujeitos desviantes", nós, como agentes humanitários do Estado, devemos refletir seriamente acerca do que significa falar sobre "encarceramento feminino". Afinal, não se trata somente de falar de "mulheres presas", mas sim de violência de Estado perpetrada a corpos marcados a ferro por classe, por raça, por gênero, por sexualidade.

Desde setembro de 2016, Luana Barbosa dos Reis é o nome do Centro de Cidadania LGBT da Zona Norte da cidade de São Paulo, a mesma região onde está a Penitenciária Feminina da Capital, no bairro do Carandiru. Em fevereiro de 2017 a Justiça Militar arquivou a investigação do assassinato de Luana alegando falta de materialidade e provas para dar seguimento ao caso. No dia 31 de janeiro de 2017, contudo, a quarta câmara de Direito Criminal do Tribunal de Justiça de São Paulo (TJ-SP) havia julgado procedente o pedido do Ministério Público do Estado e determinado que o caso voltasse à primeira Vara do Júri de Ribeirão Preto; ou seja, a Polícia Civil prosseguirá com a investigação sobre a morte de Luana.

Luana Barbosa dos Reis, PRESENTE NA LUTA!

Sobre a autora

Doutora em Antropologia Social pela Unicamp. Pesquisadora do Núcleo de Estudos de Gênero Pagu (Unicamp). E-mail: nataliacorazzapadovani@gmail.com. Artigo inédito.

Notas

[1] Uma breve discussão sobre minha trajetória pode ser encontrada em Natália Corazza Padovani. "Detalhe ou dispositivo de gestão da vida? Breves reflexões sobre gênero e processos de estado". São Paulo: *Boletim IBCCrim*, 292, maio 2016. Disponível em: <http://www.ibccrim.org.br/boletim_artigo/5754-Detalhe-ou-dispositivo-de-gestao-da-vida-Breves-reflexoes-sobre-genero-e-processos-de-estado>. Para mais detalhes, ver Natália Corazza Padovani. *Sobre casos e casamentos: afetos e "amores" através de penitenciárias femininas em São Paulo e Barcelona*. Tese de doutorado, Instituto de Filosofia e Ciências Humanas, Unicamp, 2015. Disponível em: <http://www.bibliotecadigital.unicamp.br/document/?code=000953777>.

[2] Ver Depen. *Levantamento nacional de informações penitenciárias: Infopen mulheres*. Departamento Penitenciário Nacional – Ministério da Justiça, 2014. Disponível em: <https://www.justica.gov.br/noticias/estudo-traca-perfil-da-populacao-penitenciaria-feminina-no-brasil/relatorio-infopen-mulheres.pdf>.

[3] Ver Chandra Talpade Mohanty. "Under Western Eyes: Feminist Scholarship and Colonial Discourses", Boundary 2 12(3), 1986, p.333-358; e Gayatri Spivak. *Pode o subalterno falar?* Belo Horizonte: Editora UFMG, 2010.

[4] André Caramante e Alê Alves. "A história de Luana: mãe, negra, pobre e lésbica, ela morreu após ser espancada por três PMs". Ponte Jornalismo, 25 abr. 2016. Disponível em: <http://ponte.cartacapital.com.br/a-historia-de-luana-mae-negra-pobre-e-lesbica-ela-morreu-apos-ser-espancada-por-tres-pms/>. Anexo à reportagem de André Caramante e Alê Alves, consta um vídeo feito pela irmã de Luana, Roseli Barbosa, logo depois de Luana ter sido liberada da delegacia onde foi gravemente espancada.

5 Ver Semayat Oliveira. "'Depois da morte, Luana Barbosa saiu da situação de isolamento', diz a irmã Roseli dos Reis". Entrevista com Roseli dos Reis publicada no site do coletivo *Nós, Mulheres da Periferia*, 2 maio 2016. Disponível em: <http://nosmulheresdaperiferia. com.br/noticias/luana-ela-saiu-da-situacao-de-isolamento-depois-da-morte-diz-a-irma-roseli-dos-reis/>.

6 Ser *sapatão* dentro de uma penitenciária feminina pode significar estar constantemente sob um foco de tensão, no qual o passado é conjecturado, o presente é julgado e o futuro duvidado. Para ser *sapatão*, para ser *sapatão quente*, deve-se, no limite, sustentar o fato de nunca ter sido penetrado ou tocado por um homem. Os *sapatões* da penitenciária feminina são os homens da penitenciária feminina, eles colocam em xeque a autenticidade do corpo do homem ao materializarem o masculino em corpos encarcerados como femininos. Luan, contudo, era um *sapatão quente* da penitenciária feminina que sustentava sua posição de "sujeito homem" por atributos que complexificavam a relação direta entre uma trajetória biográfica exclusivamente homossexual e o reconhecimento de ser "sapatão quente da cadeia". Ser *sujeito homem*, ter *proceder* ou *correr pelo certo* são termos utilizados em prisões e periferias para expressar, principalmente, marcadores morais relacionados à lealdade, ao caráter: uma "história pregressa" coerente na vida do "crime". O significativo, aqui, é apontar para como atributos de *proceder* e *correr pelo certo* estão diretamente vinculados à masculinidade do *sujeito homem*. Uma masculinidade intersectada pela raça e pela classe que categorizam os trânsitos através das periferias e prisões. Luan, nesse sentido, montava-se em suas relações na prisão como *sapatão quente* não pelo fato de nunca ter mantido relações heterossexuais, mas sim pelo fato de ser *sujeito homem* a ponto de assumir sua história pregressa e não obscurecer sua maternidade. A maternidade, atributo socialmente reconhecido como extremamente "feminino", era, desde o *correr pelo certo* de Luan, uma torção para a masculinidade do sujeito homem. Sobre *proceder* e *correr pelo certo*, ver Adalton Marques. *Crime, proceder, convívio-seguro: Um experimento antropológico a partir de relações entre ladrões*. Dissertação de mestrado, Faculdade de Filosofia, Letras e Ciências Humanas, Universidade de São Paulo, 2009; e José Douglas Silva. *Se o irmão falou, meu irmão, é melhor não duvidar: políticas estatais e políticas criminais referentes a homicídios na cidade de Luzia (2001-2013)*. Dissertação de mestrado, Centro de Educação e Ciências Humanas, Universidade Federal de São Carlos, 2014.

7 Expressão de Judith Butler em *Deshacer el género*. Barcelona: Paidós, 2010. A autora cunha essa expressão a partir da experiência dos bebês intersexuais que sofrem, ainda nos primeiros meses de vida, as incisões dos bisturis médicos para a retirada de um dos sexos do corpo e a normalização desses segundo regulações de gênero. São corpos que sangram involuntariamente na mesa de cirurgia.

8 Sobre "sobreposição de opressões", ver Kimberlé Crenshaw. Documento para o encontro de especialistas em aspectos da discriminação racial relativos ao gênero. *Estudos*

feministas, p.171-189, 2002. Para um exemplo da narrativa reiterada pelas ativistas sobre "encarceramento feminino" que vincula mulheres presas a atributos de abandono e cooptação delas pelos homens, ver Leci Brandão. *O bagulho do amante. Eu e o samba.* Rio de Janeiro: 2008.

9 Sobre a travesti Verônica que foi estuprada, espancada e torturada pelos policiais do 2º Distrito Policial do Bairro de Bom Retiro na cidade de São Paulo, ver Renan Quinalha. Presa, negra e travesti: devemos ser todas Verônica. Ponte Jornalismo. 15 abr. 2015. Disponível em: <http://ponte.org/presa-negra-e-travesti-devemos-ser-todas-veronica/>. Sobre Barbara Oliveira de Souza, que deu à luz em uma cela de castigo na Penitenciária Feminina de Talavera Bruce, Rio de Janeiro, ver <https://vozerio.org.br/Gravidas-no-carcere>. Em relação aos "homens esmerdeados em celas de castigo", faço menção ao clássico livro de Allen Feldman. *Formations of violence: The narrative of the Body and Political Terror in Northern Ireland.* Chicago: The University of Chicago Press, 1991, no qual o autor fala de situações de tortura a que os presos rebelados em uma prisão da Irlanda do Norte eram submetidos, ao mesmo tempo em que as subvertiam, na década de 1980. Cabe destacar, aqui, que certamente a situação descrita por Allen Feldman não é exclusiva daquela década e daquele contexto prisional. É sintomático, porém, que não haja, com mesmo destaque, notícias voltadas para torturas que elucidem o sangue e a escatologia vivenciada pelos homens em celas de castigo e situações de tortura nas prisões brasileiras.

10 Ver artigos de Rafael Godoi, *Tortura difusa e continuada*, e de Fábio Mallart e Rafael Godoi, *Vidas Matáveis*, ambos publicados no presente livro. Ver também, sobre esse processo no Rio de Janeiro, Juliana Farias. *Governo de mortes: uma etnografia da gestão de populações de favelas no Rio de Janeiro.* Tese de doutorado, Instituto de Filosofia e Ciências Sociais, Universidade Federal do Rio de Janeiro, 2014.

TORTURA DIFUSA E CONTINUADA
Rafael Godoi

São Paulo, terça-feira à noite, dia 20 de outubro de 2015: uma delegacia da zona leste é cercada por policiais militares revoltados com a prisão de um colega acusado de tortura. O sargento da PM havia encaminhado para a delegacia um suspeito de roubo que, ao depor, relatou ter sido torturado com pancadas e choques elétricos no pescoço, nas costelas e no pênis. As marcas eram nítidas; o delegado prendeu os dois: polícia e ladrão. Do lado de fora da delegacia, os militares proferiam ofensas e ameaças ao policial civil, que só pôde deixar o recinto escoltado por viaturas do Grupo de Operações Especiais (GOE). Antes, deputados estaduais ligados às duas corporações foram prestar apoio a seus representados. Numa declaração para a imprensa, o Coronel Telhada, ex-comandante da Rota e deputado pelo PSDB, foi taxativo: "Se todo delegado tiver esta atitude acho que acabou a polícia".

Com tal declaração, o deputado verbaliza algo que, a contrapelo da lei, é amplamente conhecido – por autoridades públicas, especialistas em questões de segurança e, principalmente, jovens, negros e pobres, moradores de periferia: no Brasil, a tortura é um elemento central do repertório de práticas policiais. E não só policiais: guardas civis, agentes penitenciários e seguranças privados também lançam mão desse expediente com elevada frequência.[1]

Comumente, a persistência da tortura no Brasil é explicada em termos históricos: uma herança de nosso longo passado escravocrata e um legado da ditadura militar que a transição democrática não pôde apagar.[2] Sem negar essas explicações, pretendo explorar aqui outra hipótese, que procura no presente, e não no passado, as condições de possibilidade desse lastimável estado de coisas. Sugiro que os espancamentos, afogamentos, choques elétricos e outros recorrentes episódios de tortura prolongam e individualizam uma violência que se apresenta bem mais contínua e bem mais difusa, entranhada no próprio funcionamento ordinário e cotidiano das várias agências que compõem o sistema de justiça criminal.

Se considerarmos a tortura como a prática de administração controlada e deliberada de violência física e psicológica, com vistas a extrair informação, punir ou aterrorizar, é possível identificar dimensões "torturantes" nos diversos momentos e lugares que constituem a trajetória normal de suspeitos, réus, condenados e egressos do sistema prisional. Antes, durante e depois do encarceramento, um sofrimento agudo, físico e mental marca a experiência dos sujeitos que se defrontam com as agências estatais de segurança e justiça.

Para demonstrá-lo, apresentarei algumas informações que remetem mais diretamente ao caso do estado de São Paulo, mas o mesmo raciocínio pode também ser aplicado a outras partes do país e do mundo.

A cena descrita no início deste artigo remete à tortura que antecede a prisão, aquela perpetrada por policiais militares nas ruas, camburões e batalhões, mas também por policiais civis em delegacias e carceragens – como no caso da travesti Verônica, espancada dentro de um distrito policial, em abril de 2015, exibida em redes sociais e constrangida a assumir publicamente a responsabilidade pelo sofrimento que lhe foi imposto. Tortura explícita, física e psicológica, que funciona tanto como ritual de passagem ao mundo dos condenáveis, quanto como punição antecipada. Segundo Maria Gorete Marques de Jesus,[3] pesquisadora do Núcleo de Estudos da Violência da USP, trata-se de uma prática amplamente tolerada pela sociedade e, sobretudo, avalizada pelas instituições de justiça, que tendem a não reconhecê-la como crime, apesar da Lei 9.455/97 e dos vários tratados internacionais que o Brasil assina. As recém-criadas audiências de custódia – pelas quais suspeitos são apresentados ao juiz em até 24 horas depois da prisão –, entre outros objetivos, visam coibir essa prática.

O Instituto de Defesa do Direito de Defesa (IDDD) elaborou um diagnóstico dos primeiros meses de funcionamento dessas audiências em São Paulo e identificou diversos problemas, entre os quais: 1 – a realização de audiências sem a real presença do acusado; 2 – o uso sistemático de algemas, mesmo em acusados que não esboçam qualquer resistência; 3 – a ilegibilidade do procedimento; 4 – a presença contínua de policiais na sala da audiência; 5 – a falta de tempo e espaço para o contato prévio entre defensor e acusado; e 6 – a sistemática desconsideração, por parte de juízes, promotores e até defensores, dos relatos de abuso e violência policial.[4] A partir de tais observações, é possível concluir que a audiência de custódia parece servir como mecanismo adicional para legitimar e normalizar a violência institucional, multiplicando-a ao invés de combatê-la.

Nas instituições do sistema prisional, o caráter difuso e contínuo da tortura é mais evidente – o que não significa que agressões físicas e verbais sejam raras. Em um dos capítulos que compõem este livro, ao apresentarmos diversos fatores que fazem do cárcere um espaço de morte em vida e morte de fato, Fábio Mallart e eu indicamos como a prisão, em suas operações mais cotidianas, funciona como uma grande maquinaria de tortura. Todo o regime de processamento de réus e condenados pelos circuitos do sistema de justiça é tão ilegível quanto a audiência de custódia, produzindo o efeito de desorientação, angústia e sofrimento que é próprio da tortura psicológica. Suspeitos não sabem quando serão julgados, aguardam meses, às vezes anos, por uma sentença. Aqueles que já estão condenados dificilmente sabem o que se passa com o processo de execução. Lapsos de progressão de pena são sistematicamente extrapolados, benefícios são sumariamente negados. Presos que poderiam estar em liberdade condicional ou mesmo que já cumprem formalmente a pena em regime semiaberto permanecem em unidades de regime fechado, em penitenciárias e centros de detenção provisória (CDPs), sem o menor horizonte de transferência. Tamanha indeterminação da experiência carcerária decorre tanto do punitivismo exacerbado que marca a atuação de juízes e promotores, quanto da precariedade dos serviços públicos de assistência judiciária.[5]

Também é possível identificar padrões de tortura física, difusa e contínua em diversos registros. A superlotação é escandalosa em todo o sistema prisional, mas especialmente nos CDPs, onde é comum encontrar mais de cinquenta presos em celas construídas para abrigar no máximo doze. As instalações são bastante deterioradas, com infiltrações, vazamentos, vasos sanitários entupidos, torneiras que não funcionam. A alimentação, quando não é escassa, é de baixa qualidade e insuficiente valor nutricional. Mesmo antes da crise hídrica de 2014-2015, o fornecimento de água nos pavilhões já era bastante restrito. Itens básicos como colchões, materiais de limpeza, higiene pessoal e roupas não são suficientemente fornecidos pela administração penitenciária. Assistência médica é praticamente inexistente; trabalho e atividades educativas são privilégios para poucos.[6] Outrora, fatores como esses eram pensados e discutidos como "maus-tratos", termo que sempre acompanhava a reflexão sobre tortura e que, nos últimos anos, praticamente desapareceu do debate público.

Transferências de uma unidade a outra, nos chamados "bondes", também funcionam como verdadeiras sessões de tortura. Os presos são transportados algemados, em camburões mal ventilados, sem direito a água e alimentação, sem poder ir ao banheiro, em viagens que podem durar mais de oito horas. São muitos os relatos de presos que foram transportados imersos numa nuvem de gás de pimenta, ou que foram expostos às mais altas temperaturas, quando os carros são estacionados por várias horas sob o sol forte – procedimento deliberado, conhecido como "micro-ondas". As práticas correntes do Grupo de Intervenção Rápida (GIR) – a "tropa de choque" da administração penitenciária – também evocam sessões de tortura coletiva. Para viabilizar a revista de celas e pavilhões, os agentes do GIR utilizam bombas de gás de pimenta e efeito moral, balas de borracha, cães, escudos e cassetetes, num uso absolutamente excessivo e desproporcional da força – como fica evidente em imagens vazadas de uma ação do grupo de 2008, exibidas pelo SBT em 2014.

Existem, ademais, espaços ou situações particulares nos quais essas dimensões "torturantes" do funcionamento cotidiano prisional se tornam ainda mais agudas. Celas de "castigo" – onde os presos cumprem sanções disciplinares – e de "inclusão" – onde presos recém-chegados a uma unidade aguardam destinação – são comumente desprovidas de ventilação, iluminação e dos mínimos recursos de instalação, como colchões, torneiras e louças sanitárias. Para além desses espaços existentes no interior de qualquer unidade, em algumas prisões específicas, existem pavilhões inteiros que impõem condições ainda piores para o cumprimento de pena. Por exemplo, num dos pavilhões da penitenciária de Lucélia, os presos só têm direito a duas horas de banho de sol por dia. Numa das penitenciárias de Presidente Venceslau, todo um pavilhão é destinado ao cumprimento de castigos disciplinares que não raramente extrapolam a duração máxima, estabelecida em lei, de trinta dias; na outra unidade da mesma cidade, inexiste qualquer atividade educativa ou de trabalho. Os sociólogos Fernando Salla, Camila Dias e Giane Silvestre identificam, em espaços como esses, um regime de segurança híbrido, nos quais as penas de presos considerados problemáticos são agravadas administrativamente, contornando as injunções da lei e do sistema de justiça.[7] A mesma lógica opera em situações determinadas, quando, por algum motivo, o diretor de uma unidade impõe sanções coletivas, por exemplo, proibindo o banho de sol de todos os presos de um pavilhão por algumas semanas – expediente ilegal, mas amplamente utilizado.

Entretanto, é preciso considerar que, desde 2003, mesmo a Lei de Execução Penal (LEP) e as mais eminentes autoridades dos poderes Executivo, Legislativo e Judiciário referendam e legitimam o uso de expedientes "torturantes" na aplicação das penas, como comprova a legalidade do Regime Disciplinar Diferenciado (RDD). Sob esse regime, os presos são mantidos em total isolamento, sem qualquer atividade, com poucas horas de banho de sol por semana e severas restrições de comunicação com familiares e advogados. O RDD vigora no Centro de Readaptação Penitenciária (CRP) de Presidente Bernardes, em São Paulo, e nos vários presídios federais inaugurados nos últimos anos – o que aponta para um consenso de fundo, em matéria penal, unindo as mais variadas forças de nosso espectro político-partidário.

A tortura prisional normalizada, com seu caráter difuso e contínuo, alcança mesmo aqueles que não se encontram sob custódia do Estado. Familiares de presos, uma maioria de esposas e mães, são semanalmente submetidas à revista vexatória antes de entrar na prisão, obrigadas a se despir, a agachar, a expor o ânus e a vagina diante do olhar minucioso de uma agente penitenciária. Muitas vezes, são escoltadas a hospitais, coagidas a realizar exames de raio-x e constrangidas a assinar um documento no qual se afirma que o fazem de livre e espontânea vontade. Em 2014, o procedimento da revista vexatória foi proibido através de leis específicas, no estado e no país; o exame de raio-x forçado também carece de legalidade; entretanto ambos continuam sendo cotidianamente realizados. O egresso do sistema prisional – aquele que cumpriu integralmente sua pena, que depois de uma longa espera no CDP foi inocentado ou recebeu uma pena alternativa – também continua sendo alvo privilegiado da violência institucional, nas ruas das cidades. Como Fábio Mallart e eu já enfatizamos, aqueles que têm "passagem pelo sistema" estão significativamente mais expostos a agressões físicas e morais, no limite, ao extermínio.

Certamente, muitas outras torturas cotidianas poderiam se somar a essas que aqui foram elencadas. De todo modo, o que foi exposto é suficiente para demonstrar como o funcionamento ordinário e intestino do sistema de justiça criminal é plasmado por violência e práticas "torturantes". Esse conjunto muito diverso e naturalizado de expedientes violentos cria e sustenta uma atmosfera propícia para a eclosão de episódios de tortura propriamente dita, individualizada em suas vítimas e perpetradores, tal como definida na legislação brasileira e nos tratados internacionais – ele é sua condição de possibilidade.

Esforços recentes de combate à prática da tortura, como a criação do Sistema Nacional de Prevenção e Combate à Tortura (SNPCT), com seus comitês e mecanismos nacionais e estaduais, podem representar um avanço significativo para aqueles que zelam pelo exercício da democracia e lutam pela realização integral dos direitos humanos. Entretanto, se essa ampla rede de agências governamentais e não governamentais não construir estratégias para a identificação e apuração de casos determinados de tortura, bem como para a imediata proteção das vítimas e a devida responsabilização de torturadores, ela pode acabar servindo para a legitimação e normalização da violência institucional – como no caso das audiências de custódia. Ademais, é forçoso admitir que por maior que seja o dinamismo e a eficácia dessa rede na apuração de casos determinados, o problema da tortura não poderá ser definitivamente equacionado enquanto as instituições de segurança pública e de administração das penas, tal como as conhecemos, não acabarem – como teme o Coronel Telhada. O empenho em combater a tortura dentro e fora da prisão deve se complementar com um esforço mais amplo: a construção de novas formas de se fazer justiça e resolver conflitos.

Sobre o autor

Pós-doutorando em Sociologia pela USP, agente da Pastoral Carcerária e integrante do Projeto Temático Fapesp (2014-2018) "A gestão do conflito na produção da cidade contemporânea: a experiência paulista". Versão atualizada de artigo publicado pelo *Le Monde Diplomatique Brasil* em fevereiro de 2016.

Notas

1   Pastoral Carcerária. *Relatório sobre tortura: uma experiência de monitoramento dos locais de detenção para prevenção da tortura*. Misereor/CNBB, São Paulo, 2010; Instituto Terra, Trabalho e Cidadania e Pastoral Carcerária. *Tecer Justiça: presas e presos provisórios na cidade de São Paulo*. Open Society/Paulus, São Paulo, 2012; Pastoral Carcerária. *Tortura em tempos de encarceramento em massa*. Fundo Brasil de Direitos Humanos/ OAK Foundation, São Paulo, 2016.

2   Anistia Internacional. *Tortura e maus-tratos no Brasil*. Amnesty International Publications, Londres, 2001.

3 Maria G. M. de Jesus. *O crime de tortura e a justiça criminal: um estudo dos processos de tortura na cidade de São Paulo*. IBCCrim, São Paulo, 2010.

4 Instituto de Defesa do Direito de Defesa. *Monitoramento das audiências de custódia em São Paulo*. Open Society, São Paulo, 2016.

5 Tatiana W. de Moura, Rosier B. Custódio, Fábio S. Silva e André L. M. de Castro. *Mapa da Defensoria Pública no Brasil*. Anadep/Ipea, Brasília, 2013.

6 Conselho Nacional de Justiça. *Mutirão carcerário do estado de São Paulo: relatório geral*. CNJ, Brasília, 2012.

7 Fernando Salla, Camila N. Dias e Giane Silvestre. Políticas penitenciárias e as facções criminosas: uma análise do Regime Disciplinar Diferenciado (RDD) e outras medidas administrativas de controle da população carcerária. *Estudos de Sociologia*, v.17, n.33, p.333-351, Araraquara, 2012.

GESTÃO NEUROQUÍMICA:
PÍLULAS E INJETÁVEIS NA PRISÃO

Fábio Mallart

São Paulo, julho de 2015, Centro de Detenção Provisória de Pinheiros I

Em um quarto apertado, cerca de quarenta homens se aglomeram para narrar as dores e angústias da prisão. Um senhor, de aproximadamente 40 anos, resume de maneira categórica a situação atual do CDP I, mas, ao mesmo tempo, e em uma só frase, de todos os centros de detenção provisória do estado: "depósitos de pessoas sem situação definida". As redes amarradas longe do chão – camas improvisadas – denunciam a superlotação. Num espaço onde existem apenas oito camas, amontoam-se cerca de quarenta homens. Infiltrações e umidade, que produzem imagens esverdeadas – em alto relevo – pelas paredes do pequeno cômodo de teto baixo, somam-se à dificuldade de respirar e ao calor que, ao emanar do concreto e do amontoado de corpos, produz gotas de suor que escorrem pelos rostos dos presentes. As reclamações são diversas: falta de assistência médica e jurídica, castigos coletivos, ausência de atividades de trabalho e de estudo, alimentação precária, agressões físicas e verbais. Dormir, no espaço exíguo, é praticamente impossível; usar o banheiro, muitas vezes sem água e entupido, inviável. Em tal cenário, caracterizado pela precariedade, chama atenção o número de presos que ingerem psicofármacos. Segundo um interlocutor, dos 450 presos, "quase um terço toma remédio psiquiátrico". Para além da precisão numérica, vale notar que, ao longo da visita, várias narrativas enunciavam: "ih senhor, é muita gente tomando remédio controlado, é muito sofrimento". Joel,[1] cerca de 30 anos, está medicado. Atualmente, consome diazepam e carbamazepina. Ao longo de sua trajetória acumula mais de sete passagens pelo sistema penitenciário. O consumo de tais substâncias psiquiátricas teve início no CDP de Belém I, durante a sua primeira prisão: "comecei a estressar demais, a cadeia abala o psicológico". Entre entradas e saídas do sistema prisional, meu interlocutor circula – de maneira incessante e frenética – por comunidades terapêuticas, centros de atenção psicossocial especializados em álcool e drogas (CAPSad) e regiões como a estigmatizada cracolândia.

Franco da Rocha, agosto de 2015, Centro de Detenção Provisória Feminino

O braço levantado mostra-me alguns pelos que se espalham pelo corpo, provocando verdadeira repulsa por parte de minha interlocutora. O seu corpo, como se tivesse um motor acoplado, saltita por trás da porta de aço. O rosto trêmulo, os olhos esbugalhados e a boca que repete as mesmas palavras compõem o cenário, efeitos desencadeados por substâncias psiquiátricas. Há cerca de três ou quatro semanas conheci Juliana no *castigo*, espaço que opera com regras próprias e do qual – quando se está à distância – apenas se ouvem gritos. Ao todo, salvo alguns dias em que permaneceu nos pavilhões, Juliana, por conta da falta de *convívio*, já está há quase 120 dias – divididos em períodos de 30 – isolada e trancada em um cubículo apertado, sem visitas, sem notícias da família, sem falar com quase ninguém, sem nada, com exceção da solidão, que produz efeitos devastadores: "a gente fica sozinha e não passa bem, eu ouço vozes, eu sonhei com a Via Láctea, eu sonhei com Jesus". Vale salientar que essa passagem pela prisão se conecta às inúmeras passagens institucionais nos últimos doze anos, tanto por clínicas de reabilitação, quanto por hospitais psiquiátricos e comunidades terapêuticas. "Eu tenho alucinações e visões. São visões bíblicas e aí as pessoas acham que é psiquiatria. Eu aceito, eu aceito, eu aceito, eu tomo a medicação [haldol, clonazepan, carbamazepina] pra dormir e pra ficar o dia todo medicada, o dia todo, o dia todo, o dia todo".

Lucélia, setembro de 2015, Penitenciária Masculina

Após subirmos algumas escadas, nos deparamos com um quadrado de cimento com cerca de dez celas e um pequeno pátio, no qual os raios de sol assumem o formato das grades que impedem a fuga. Na visão do pátio, o céu quadriculado. João, 20 anos, é um dos que se encontram em uma das celas, por conta de "um desacerto na rua". Chegou em Lucélia há cerca de seis meses, mas logo no início pediu para ir ao *seguro*: "se eu ficasse no raio, os caras do Partido podiam quebrar uma perna minha ou um braço". O jovem, que possui passagens pela

Fundação Casa, Complexo Brás, veio transferido do Centro de Detenção Provisória de Osasco I. Ao longo da adolescência, por meio de prescrições em equipamentos de saúde os quais não sabe o nome, consumiu fluoxetina e diazepam. Se antes mesmo de ser preso o rapaz não ingeria mais psicofármacos, agora, João precisa das pílulas. Como afirma o jovem, "não consigo dormir de jeito nenhum". Segundo ele, os gritos vindos dos companheiros que cumprem sanção disciplinar no *castigo*, localizado a poucos metros do *seguro*,[2] o fizeram ter, em suas palavras, "uns distúrbio mental", o que o teria deixado sem sono e com sucessivas crises de falta de ar. No presente momento, "o que eu preciso é de um diazepanzinho pra dormir".

Dos fragmentos etnográficos relatados, que se conectam às trajetórias de muitos de meus interlocutores confinados no interior das muralhas, emergem determinados traços da máquina carcerária em sua figuração contemporânea: Joel e os percursos urbanos produzidos no trânsito incessante entre aparatos punitivos e equipamentos de saúde, assistência e cuidado – uma espécie de jogo entre fuga e captura; Juliana e as distintas modulações neuroquímicas que produzem corpos flexíveis e manipuláveis, que ora saltitam em cubículos apertados e caminham em altíssima velocidade por corredores sufocantes, ora rastejam por pavilhões superlotados; João e os efeitos desencadeados pela própria mecânica de operação da prisão – os gritos que invadem a sua mente –, que aciona a ingestão de substâncias psiquiátricas.

No cruzamento entre tais fragmentos e histórias, tecnologias de gestão de corpos considerados indesejáveis e perigosos. De um lado, 168 unidades prisionais espalhadas por todo o estado – e outras 15 em construção –, que, em suas mecânicas de operação, constituem-se como verdadeiras máquinas de produção de dor e sofrimento. De outro, pílulas e injetáveis (substâncias psiquiátricas) que – a um só tempo – operam em três dimensões cruzadas: na gestão da população prisional, do espaço carcerário superlotado e na condução de condutas individuais. No horizonte, como efeito de produtividade de múltiplas máquinas estatais, a constituição de personagens circulantes que passam pelas prisões – em geral, vão e voltam – mas que também são forjados em aparelhos de saúde, assistência e cuidado, delineando um *continuum* entre punir e reprimir; tratar e cuidar.[3]

De partida, o primeiro ponto: os textos que compõem este livro evidenciam, de diferentes ângulos, intensidades e velocidades, que antes, durante e depois da prisão um sofrimento ininterrupto – físico e mental – marca a experiência daqueles que deslizam pelas múltiplas instâncias da lei e da ordem, a começar pelo ato da prisão, no qual as arbitrariedades, as torturas e as extorsões são constitutivas do modo de operação da força policial. Basta transitar por presídios do estado de São Paulo, sobretudo pelos centros de detenção provisória (CDPs), em tese, espaços institucionais destinados aos presos e às presas que nem sequer foram julgados, para notar a presença de marcas que remetem ao ato da prisão. Múltiplas violências que, como bem salienta Rafael Godoi, operam como uma espécie de ritual de passagem para o universo dos condenáveis, mas, ao mesmo tempo, como forma de punição antes da condenação propriamente dita.[4]

Se fora das muralhas a força policial – fardada ou encapuzada – crava marcas em corpos e mentes, valendo-se dos antecedentes criminais e das tatuagens monocromáticas como critérios de identificação de futuros cadáveres, operando uma linha demarcatória entre a vida e a morte,[5] dentro dos muros institucionais essa mesma gestão produz marcas indeléveis. Superlotação, racionamento de água, castigos coletivos, ausência de atividades de estudo e trabalho, falta de assistência médica e jurídica, espancamentos por parte do Grupo de Intervenções Rápidas (GIR), desconhecimento da situação processual: traços que há tempos caracterizam a dinâmica das prisões e que compõem – enquanto engrenagens articuladas – uma máquina de produção da morte.

São essas condições mortíferas da prisão, intrínsecas à sua operação cotidiana, mas, no limite, também o deslizamento dos sujeitos pelas múltiplas instâncias do sistema de justiça criminal, que presos e presas mobilizam para discorrer sobre o consumo de psicofármacos. Traços que, do ângulo de meus interlocutores, explicam os motivos pelos quais o consumo dessas substâncias teve início no cárcere. "Nunca tomei nada antes, comecei porque não consigo dormir, foi a detenção que me viciou nessa porra de diazepam" (Caio, que entre idas e vindas acumula 26 anos de prisão).

Ressalta-se que, se em diversos presídios nota-se a ausência de medicamentos para várias enfermidades, nesses mesmos espaços não se constata, na mesma proporção, a falta de substâncias psiquiátricas, muitas vezes entregues a homens e mulheres que não necessariamente possuem diagnóstico de transtorno mental. É esse o caso, por exemplo, do CDP I de Pinheiros, em que cerca de um terço dos 450 presos de um único pavilhão faz uso regular de tais medicamentos. Já na

Penitenciária Feminina de Tupi Paulista, segundo minhas interlocutoras a cadeia feminina mais dura de todo o estado, apenas no pavilhão 2, de 284 mulheres, cerca de 200 ingerem psicofármacos.

Nesse ponto, nota-se que tais substâncias operam como mecanismo químico de administração de corpos e mentes, possibilitando controles ilimitados. Além disso, a prescrição desses medicamentos em presídios comuns – sempre superlotados, nos quais dormir é tarefa árdua, haja vista o número de corpos por metro quadrado – também se configura como tecnologia de gestão da população presa, bem como do espaço prisional precário e superlotado: "é isso [os psicofármacos] o que ajuda a segurar a cadeia, se não fosse isso..." (funcionária de uma penitenciária localizada em Franco da Rocha).

Vale dizer que para aqueles que atuam como lideranças no sistema carcerário as pílulas psiquiátricas também auxiliam na gestão da cadeia: "se a enfermaria não fizer isso aí fica incontrolável, medicar é a melhor opção. Até nóis do setor agradece porque tem uns aí que mete a mão na sua cara e já era, os caras são incontrolável" (liderança do CDP III de Pinheiros). Para além desses usos distintos, que têm como ponto de conexão a precariedade do sistema carcerário, no coração dessa máquina de produção de dor e sofrimento, pílulas e injetáveis também compõem o repertório punitivo que atravessa os corpos de presos e presas que, quando se negam a tomar os medicamentos prescritos, são castigados através de outras substâncias, principalmente injetáveis como o Haldol: "se você se recusa a tomar a medicação, eles entortam na injeção" (narrativa de um preso de Lucélia, mas repetida por outros homens e mulheres encarcerados).[6]

Se de um determinado ângulo, o manejo do contingente populacional encarcerado, em espaços precários e superlotados, passa pela gestão neuroquímica, instrumento de pacificação dos ânimos e revoltas sempre prestes a explodir, de outra escala analítica, trata-se de conduzir condutas individuais por meio de medicamentos que possibilitam distintas manipulações, produzindo corpos flexíveis através da composição diferencial de substâncias, dos miligramas ingeridos, da modulação cerebral fabricada: os corpos que rastejam ou aqueles que, como Juliana, saltitam em cubículos apertados.

Da mesma forma em que há presos e presas que começam a ingerir substâncias psiquiátricas atrás das grades, em decorrência dos efeitos desencadeados pela mecânica de operação da máquina carcerária, há outros e outras que já chegam às prisões munidos de suas prescrições médicas, obtidas em equipamentos de saúde, assistência e cuidado. Centros de atenção psicossocial (Caps), unidades básicas de saúde (UBS), unidades de pronto atendimento (UPA), ambulatórios médicos de especialidades (Ames), comunidades terapêuticas, hospitais psiquiátricos, orfanatos, albergues, entre tantas outras instâncias que delineiam uma espécie de circuito lógico, percorrido – passo a passo – por aqueles que também passam pelas prisões. É esse o caso de Joel que, ao longo de sua trajetória, acumula mais de sete passagens pela prisão, intercalando-as com as comunidades terapêuticas e os centros de atenção psicossocial. Percurso também esboçado por Lúcia que, durante a infância e a adolescência, transita por orfanatos, albergues e comunidades terapêuticas, circulações que se entrelaçam à prisão. Quando não está confinada atrás das grades, além das perseguições por parte da força policial, é capturada por outras instâncias de controle: "o Caps sempre tá atrás de mim".

Ora, se o processo de encarceramento opera como estratégia política para gerir aqueles que são considerados indesejáveis e perigosos, é importante salientar que a prisão não opera sozinha. Pelo contrário, do início ao fim ela encontra-se conectada a outras tantas instituições e mecanismos que existem num relacionamento recíproco, um *continuum* entre punição, repressão e controle; saúde, assistência e cuidado, o que nos ajuda a compreender o motivo pelo qual as trajetórias de muitos presos e presas são forjadas no entra e sai desses "estabelecimentos dos quais fingimos crer que se destinavam a evitar a prisão" (Foucault, 2004, p.249).[7] Nessa chave, torna-se evidente que os que são considerados delinquentes não são o resultado de uma suposta ausência de políticas governamentais, como se fossem excluídos relegados ao esquecimento, mas, pelo contrário, são o produto de inserções institucionais, de vigilâncias rigorosas, de olhares minuciosos e de coerções persistentes (Mallart; Rui, 2016). Não se trata, portanto, de argumentar em favor da reforma, do aprimoramento ou da reconstrução dessas "novas-velhas" máquinas estatais. Trata-se, mais especificamente, de atentar para os efeitos de composição, entre os quais, a existência de sujeitos forjados no coração dessa malha carcerária-assistencial, em processos ininterruptos de fuga e captura.

Dessas existências minúsculas – precárias – que são o produto, mas vale dizer, também produtoras de dispositivos de controle, emergem prisões, torturas, unidades da Fundação Casa, processos judiciais, hospitais psiquiátricos, comunidades terapêuticas, albergues, psicofármacos, centros de atenção psicossocial, entre outros mecanismos destinados a gerir uma mesma população de indesejáveis e perigosos que, quando não está confinada ou circulando por espaços de contenção, que muitas vezes operam como máquinas de produção de dor e sofrimento, está no *mundão*, mais especificamente, em periferias, favelas, ruas da cidade ou regiões como a chamada cracolândia. Vidas potencialmente aniquiláveis, forjadas em múltiplos aparatos de controle, encarregados de punir, encarcerar, tratar, cuidar e medicar.

Sobre o autor

Doutorando em Sociologia pela USP (bolsista da Fundação de Amparo à Pesquisa do Estado de São Paulo, Fapesp, processo n. 2015/02165-2) e autor do livro *Cadeias dominadas: a Fundação Casa, suas dinâmicas e as trajetórias de jovens internos*. São Paulo: Ed. Terceiro Nome/Fapesp, 2014. É agente da Pastoral Carcerária e integrante do Projeto Temático Fapesp (2014/2018) "A gestão do conflito na produção da cidade contemporânea: a experiência paulista", coordenado pela professora doutora Vera Telles. Parte das questões de pesquisa trabalhadas ao longo do presente texto, porém, com novos dados, ajustes e considerações, já se encontram disponíveis em: Fábio Mallart, "As pílulas e a prisão: produção e gestão do sofrimento", *Le Monde Diplomatique Brasil*, mar. 2016.

Notas

1   Vale ressaltar que todos os nomes próprios citados ao longo do texto que ora apresento são fictícios.

2   Os *seguros* são espaços institucionais mantidos fora dos pavilhões, estes, por sua vez, conhecidos como *convívio*. Ao mesmo tempo, essa categoria remete aos presos e presas que cometeram atos considerados inaceitáveis por seus companheiros de detenção, tais como estupro, *caguetagem* e desrespeito às visitas. Por sua vez, os *castigos* são corredores, em geral estreitos e localizados perto dos *seguros*, com uma série de celas enfileiradas, bem menores do que as encontradas nos pavilhões, onde são trancados, geralmente por até trinta dias, presos e presas que estão em cumprimento de sanção disciplinar. Em cada uma das celas, que na maioria das unidades não passa de quinze, há uma cama de concreto, um cano que desempenha a função de chuveiro e um buraco no chão que

opera como vaso sanitário. Em geral, tais locais são os mais escuros e úmidos, com infiltrações por todos os lados, verdadeiros espaços subterrâneos da prisão.

3   Ao lado de Taniele Rui tenho trabalhado nessa direção. Para uma primeira versão de tais reflexões, ver: Fábio Mallart e Taniele Rui. "Por uma etnografia das transversalidades urbanas: entre o mundão e os dispositivos de controle". In: Juliana Melo, Daniel Simão e Stephen Baines (orgs.). *Ensaios sobre justiça, reconhecimento e criminalidade*. Natal: EDUFRN, 2016.

4   Ver, neste livro, "Tortura difusa e continuada", de Rafael Godoi.

5   É esse o coração do argumento desenvolvido, neste livro, em "Vidas matáveis", de Fábio Mallart e Rafael Godoi.

6   O Haloperidol, também chamado de Haldol, é um neuroléptico (subdivisão dentro dos antipsicóticos) do grupo das butirofenonas, utilizado no tratamento de quadros de agitação, agressividade e psicose. Para além das justificativas médicas, valho-me, principalmente, dos depoimentos de meus interlocutores, que enfatizam que, após a inserção de tal substância em suas veias, sentem-se travados, completamente paralisados e com o corpo retorcido. Certa vez, ao perguntar para uma interlocutora do CDP Feminino de Franco da Rocha acerca das sensações que sentia ao injetarem Haldol em suas veias, ela disse: "é como se você torcesse um pano no tanque, o seu corpo fica tipo o pano torcido". Outro efeito visível naqueles que ingerem tal substância por longos períodos de tempo, que também pode ser consumida através de comprimidos, é a tremedeira das mãos e pernas, o que presos e presas chamam de "ficar marchando".

7   Michel Foucault. *Vigiar e punir: o nascimento da prisão*. Petrópolis: Vozes, 2004.

A ATUAL POLÍTICA DE DROGAS NO BRASIL: UM COPO CHEIO DE PRISÃO

Marcelo da Silveira Campos

Nos anos 1990, era comum que a (in)distinção entre o traficante e o usuário estivesse baseada nos artigos da antiga Lei de Drogas (Lei n. 6.368, de 1976). Era possível criminalizar alguém por drogas por meio dos artigos 16 ou 12. Na vigência dessa lei, eram os próprios números dos artigos que representavam socialmente e distinguiam um usuário (16) de um traficante (12) de drogas. E, claro, o modo como a polícia poderia ou não incriminar alguém dentro do sistema de justiça criminal no Brasil por uma infração relacionada ao comércio ou uso de substâncias consideradas ilícitas.

Em 2006, após um longo debate no Congresso Nacional, o Estado brasileiro aprovou a chamada nova Lei de Drogas (Sistema Nacional de Políticas Públicas sobre Drogas). Na época, o objetivo "oficial" da nova política era deslocar o usuário de drogas para o sistema de saúde, ao mesmo tempo em que aumentava a punição para os traficantes, diante do que os parlamentares denominaram a "expansão de grupos criminosos", sobretudo no contexto daquilo que a grande mídia, senadores e deputados nomearam como "onda de sequestros"[1] em São Paulo. Uma abordagem "menos punitiva" e mais "preventiva", focada agora na "saúde" do usuário de drogas, foi um dos objetivos centrais para a emergência de uma nova lei de drogas oriunda da CPI do Narcotráfico no início dos anos 2000.

Esse novo dispositivo legal, que denominei dispositivo médico-criminal,[2] foi fruto de um longo processo legislativo iniciado em 2002 para introduzir no Brasil, afinal, uma nova política de drogas. Esta agora seria mais centrada na prevenção, atenção e reinserção social dos usuários de substâncias consideradas ilícitas e teria como objetivo "oficial" deslocá-los do sistema de justiça criminal para o de saúde. Foi essa mistura entre o saber médico e o jurídico que deu o tom dos discursos dos deputados e senadores na tramitação no Congresso Nacional: "Parabéns ao Brasil, que terá uma lei que vai tratar diferentemente pessoas que são diferentes", declarou na época o ex-deputado Cabo Júlio (PSC-MG), ressaltando o apoio da bancada evangélica ao projeto que culminou na lei aprovada.

Uma lei, portanto, que deveria estar em acordo com a "média de conhecimento da Casa", conforme disse outro deputado na formulação da lei. E essa média aritmética de que "pra descer tem que subir" apropriou-se do paradigma da redução de danos para, num mesmo movimento político, aumentar a pena para o tráfico de drogas, mantendo, ainda, a criminalização do porte para uso de drogas (capítulo III da Lei n. 11.343 de 2006). Nesse sentido, os avanços pretendidos com a entrada de um referencial médico na lei foram somente discursivos. A inovação foi meramente ocasional e acidental na velha lógica da política criminal brasileira de coexistência entre pouca moderação e muita severidade do poder de punir. Foi o que permitiu coadaptar o saber médico junto com o saber jurídico-criminal, de modo que, para diminuir um pouco a punição para o usuário de drogas, aceitou-se aumentar o tempo de sofrimento[3] por meio da centralidade da pena aflitiva de prisão para o comerciante.

Definiu-se o todo (as inúmeras questões sociais, culturais e políticas que envolvem o uso e o comércio de substâncias consideradas ilícitas) pela parte de sempre, a pena de prisão. O nó já havia sido dado.

A METADE CHEIA

A primeira metade – a metade criminal – emergiu fruto de um contexto político que reafirmava o plano repressivo e proibicionista em relação às políticas de drogas (o aumento da pena de prisão em relação ao tipo penal do tráfico de drogas). A Convenção Única sobre Entorpecentes (1961), o Convênio sobre Substâncias Psicotrópicas (1971) e a Convenção de Viena (1988) formam a tríade de convenções entabuladas na ONU que sedimentam o paradigma proibicionista, repressivo e de intolerância à produção, ao comércio e ao consumo de entorpecentes.

O Brasil não passaria incólume por esse processo: sob a égide dos Estados Unidos e da política de "guerra às drogas" declarada por Richard Nixon em 1971, foi editada a Lei n. 5.726, de 1971, que alinha o sistema repressivo brasileiro às orientações internacionais. Cinco anos depois, sobreveio a Lei n. 6.368/1976, cujas disposições consolidaram o modelo político-criminal proibicionista de combate às drogas estabelecido nos tratados e convenções internacionais. Tal recrudescimento penal, portanto, foi diretamente influenciado pelo contexto de formulação de políticas repressivas de "combate às drogas": convenções da ONU, guerra às drogas e guerra ao terror. Foi a volta da concepção do comerciante de drogas e do criminoso como um "inimigo social" que fez ser possível o aumento da pena para os traficantes coexistir com a outra metade ("guardiã da saúde pública"), retomando, em ambos os casos, a categoria "drogado" como acusação moral e política.

A METADE VAZIA

A segunda metade – médica – está relacionada ao consumo e ao consumidor de drogas. O fim da pena de prisão (despenalização) do usuário no Brasil foi aprovado em meio ao contexto de expansão das chamadas "políticas de redução de danos" (harm reduction),[4] após uma ampliação e intensificação como modelo em muitos países do Norte nos anos 1980 e 1990 (Canadá, por exemplo), que objetivavam, em suma, uma abordagem do usuário de drogas com foco na prevenção, "autonomia individual" e redução aos danos do consumo de drogas ilícitas. Um rápido exemplo comparativo pode ser ilustrativo dessa segunda face: uma contagem de palavras na atual Lei de Drogas mostra que a expressão "redução de danos e riscos" aparece quatro vezes, e o termo "prevenção" pode ser observado 24 vezes.

Entretanto, se contrastarmos a definição de redução de danos clássica na literatura especializada,[5] como política de saúde que se propõe a reduzir os prejuízos de natureza biológica, social e econômica do uso de drogas, pautada no respeito ao indivíduo e em seu direito de consumir drogas, com a declaração do ex-deputado federal Cabo Júlio em meio à votação, saudação e apoio ao projeto que culminou na atual Lei de Drogas em 2004, veremos que houve apenas uma incorporação muito lateral dessas ideias, visto que a palavra "prevenção" emerge muito mais no sentido da teoria da dissuasão (impedir um comportamento) do que no sentido médico de agir para evitar um comportamento que poderá ou não ser de risco, mas que se refere ao direito individual do uso de substâncias consideradas ilícitas.

Logo, é justamente na combinação dessa metade esvaziada de saber e práticas de redução de danos, mas cheia do paradigma proibicionista, que se formou uma política de drogas "à brasileira", na qual duas metades, uma vazia de saber médico e outra cheia de saber jurídico-criminal, deram ao Congresso Nacional a aceitabilidade de um dispositivo definido pela "média de conhecimento da Casa". O resultado prático dessa combinação é um dispositivo que teve como principal mecanismo de agenciamento a prisão pelo encarceramento da pobreza de jovens de até 25 anos, que estudaram até o ensino fundamental e trabalham no mercado informal (setor de comércio e serviços) ou estavam desempregados quando incriminados. Assim, nossa população carcerária dos delitos relacionados às drogas saltou de 32.880 em 2005 para 146.276 no final de 2013.[6]

UM COPO CHEIO DE PRISÃO

Por fim, e não menos importante, a explosão do encarceramento por drogas e o dispositivo foram ativados pela discricionariedade policial.[7] Soma-se a isso a falta de critérios objetivos e de uma quantidade que permita o consumo de todas as drogas. Estenderam assim a dinâmica complexa do comércio e uso de drogas nas ruas para o fluxo das prisões.

No caso a seguir, a pessoa incriminada pelos policiais e condenada pelo juiz na cidade de São Paulo em 2008, na região central, não tinha antecedentes criminais e portava no interior de sua boca dezessete pedras de crack (exatamente 4,25 gramas). O juiz atribuiu a pena de três anos e quatro meses de prisão porque, segundo ele, o "indivíduo", que alegava ser "camelô", não poderia provar a posse de R$ 73 encontrados com os policiais, conforme a ocorrência registrada a seguir.

"Compareçam nesta distrital os policiais militares informando que estavam efetuando patrulhamento de rotina pela região dos fatos quando avistaram o indiciado, sendo que este levantou suspeitas. Quando se aproximaram para efetuar abordagem este se evadiu, sendo detido nas proximidades da praça, porém, este não falava direito. Verificaram que havia algo em sua boca, encontrando um saquinho plástico onde estavam 17 (dezessete) pedras de CRACK, bem como localizaram com ele a quantia de R$ 73,00 (setenta e três) reais e um telefone celular. Ao ser inquirido sobre a droga, afirmou que a vendia. Face os fatos foi dada voz de prisão ao mesmo e conduzido a este plantão policial, onde esta Autoridade Policial cientificada dos fatos ratificou a voz de prisão e determinou a elaboração do auto de prisão em flagrante. Nada mais."

O caso é revelador dos significados de um fenômeno aqui brevemente descrito. Revela que o hiperencarceramento da pobreza nos remete ao papel protagonista que, sobretudo, a polícia tem no Brasil em razão da sua tradição inquisitorial, mas também, e não menos importante, pelo fato de que boa parte dos operadores do sistema de justiça criminal e parlamentares reafirma a centralidade da prisão nas interações com usuários e pequenos comerciantes de drogas. Reativam o dispositivo ao operacionalizar uma espécie de disjunção entre o lugar e o não lugar dos usuários pequenos comerciantes de drogas nas cidades, fazendo-os transitar entre as ruas e as prisões,[8] e superlotando os centros de detenção provisória da capital paulista. Além dos legisladores, compartilham dessa crença muitos dos operadores do sistema de justiça criminal que, conforme observamos, apoiam e aplicam penas altas para crimes sem violência e com pequena quantidade de drogas, como ocorre com inúmeras incriminações por drogas na capital paulista. Do total dos 622.202 presos no Brasil, quase metade está encarcerada em condições desumanizadoras por crimes sem violência (28% tráfico e 13% furto). Entre 2005 e 2013, a população carcerária dos delitos relacionados às drogas aumentou 345%. Crimes estes que permitem muitas vezes que os operadores da justiça criminal apliquem medidas alternativas à prisão. Enquanto a população carcerária cresce em função dos crimes não violentos, especialmente as infrações por drogas.

    Assim, após a nova Lei de Drogas, a criminalização por tráfico e uso de drogas repõe a seletividade do desemprego, do subemprego e da abordagem policial, já que as chances de emprego e de alternativas formais à comercialização e ao uso de drogas estão desigualmente distribuídas entre os diferentes grupos sociais no Brasil contemporâneo, sob a lógica de tratar desigualmente os desiguais.[9] Aqueles sujeitos invisibilizados, tomados por sentimentos morais de injustiça e inseridos nas descontinuidades entre o mercado informal e o formal de trabalho, encontram os acusadores que, em contato com eles, agenciam o dispositivo em sua dupla face (vazia de médico e cheia de prisão), num personagem urbano descontínuo nas dobras entre formal-informal, legal-ilegal, lícito-ilícito, prevenção-repressão. Tal personagem, quando encontra a discricionariedade policial aliada a nenhum critério objetivo que defina se a quantidade de drogas em posse era para uso ou comércio de drogas, faz que a atual política de drogas brasileira possa ser representada pela metade cheia do copo. Vidas desperdiçadas em algumas linhas em registros policiais, mas que gritam por sua existência em nossas cidades. Vidas desperdiçadas nas condenações que decretam as mortes simbólicas e a estigmatização social dos indivíduos. Vidas que clamam pelo direito privado do consumo de drogas. Já passou da hora de esvaziarmos esse copo.

Sobre o autor

Doutor em Sociologia pela Universidade de São Paulo. Foi pesquisador visitante no Departamento de Criminologia da Universidade de Ottawa. Atualmente é professor adjunto de Sociologia da UFGD. Pesquisador do projeto temático FAPESP/USP: *A gestão do conflito na produção da cidade contemporânea: a experiência paulista*, coordenado pela Prof³. Vera da Silva Telles.

Notas

1. Há um resumo interessante sobre o aumento da cobertura midiática do período no site do Observatório de Segurança Pública (OSP/Unesp). Versão atualizada de artigo publicado pelo *Le Monde Diplomatique Brasil* em janeiro de 2016.

2. Marcelo da Silveira Campos. *Pela metade: as principais implicações da nova lei de drogas no sistema de justiça criminal em São Paulo.* Tese de doutorado, Faculdade de Filosofia, Letras e Ciências Humanas, Universidade de São Paulo, 2015.

3. Alvaro P. Pires e Margarida Garcia. Les relations entre les systèmes d'idées: droits de la personne et théories de la peine face à la peine de mort. In: Yves Cartuyvels et al. (dir.). *Les droits de l'homme, bouclier ou épée du droit pénal?* Facultés universitaires de SaintLouis, Bruxelas, 2007, p.291-336.

4. A primeira menção à redução de danos registrada foi o Relatório Rolleston, em 1926. O documento, assinado por vários médicos ingleses, defendia que a administração da droga e o monitoramento de seu uso feito pelo médico – à época em teste na Europa – eram a melhor maneira de tratar dependentes de morfina ou heroína. No contexto de uma abordagem de saúde pública, as estratégias de redução de danos foram institucionalizadas no final dos anos 1980 em diversas partes do mundo, com foco nos programas de troca de seringas sob a forte ideia de que o compartilhamento destas era o grande responsável pela propagação do HIV. Além disso, concentrou-se em programas de substituição de drogas (*methadone maintenance therapy*, no Canadá), de injeção de drogas que substituam a heroína. Ver especialmente Line Beauchesne, *Les drogues: légalisation et promotion de la santé*, Bayard Canada, Montreal, 2006.

5. Fernanda Gonçalves Moreira, Dartiu Xavier da Silveira e Sérgio Baxter Andreoli. Redução de danos do uso indevido de drogas no contexto da escola promotora de saúde. *Ciência & Saúde Coletiva*, v.11, 2006, p.807-816.

6. Depen. Levantamento nacional de informações penitenciárias. Brasília: 2014.

7. Ver Maria Gorete Marques de Jesus. *"O que está no mundo não está nos autos": a construção da verdade jurídica nos processos criminais de tráfico de drogas.* Tese de doutorado em Sociologia, Faculdade de Filosofia, Letras e Ciências Humanas, Universidade de São Paulo, 2016.

8. Ver Taniele Rui e Fábio Mallart. A cracolândia, um potente conector urbano. *Le Monde Diplomatique Brasil*, out. 2015.

9. Marcos César Alvarez, "A criminologia no Brasil ou como tratar desigualmente os desiguais", *Dados*, Rio de Janeiro, 2002, v.45, n.4, p.677-704.

10. Muitas dessas questões estão sendo colocadas em uma perspectiva transversal no Projeto Temático Fapesp "A gestão do conflito na produção da cidade contemporânea: a experiência paulista", coordenado pela professora doutora Vera da Silva Telles. Ver, por exemplo, Vera da Silva Telles, "Ilegalismos urbanos e a cidade", *Novos Estudos*, Cebrap, São Paulo, n.84, p.153-173, 2009.

CONTROLE A CÉU ABERTO E MERCADO DO CASTIGO: A URGÊNCIA ABOLICIONISTA

Ricardo Campello

"[...] es verdad que los más activos en la izquierda tienen razón al luchar por la abolición de las prisiones, por la abolición del hospital psiquiátrico, etc. Pero es preciso ver que sus enemigos no son los viejos, los pobres tipos que hacen el payaso diciendo: '¡Sí al hospital psiquiátrico! ¡Sí a la prisión!'. Sus enemigos son los controladores que están absolutamente de acuerdo con ellos, que dicen: '¡Sí, sí, bravo! ¡No más prisiones!'. La batalla no pasa por donde se cree, nunca pasa por donde uno cree."[1]

Gilles Deleuze[2]

INTRODUÇÃO

O colapso do sistema carcerário brasileiro e as atuais invocações à *segurança* fomentam a profusão de controles pulverizados e ampliados em seu alcance e eficiência. Interconexões de satélites e sistemas de transmissão de dados auxiliam governos e polícias ao rastreamento dos fluxos de indivíduos sob controle penal, extrapolando os espaços de confinamento e trafegando em meio às suas ligações com ambientes a céu aberto.

Pulseiras e tornozeleiras eletrônicas são acopladas ao corpo de pessoas condenadas ou processadas pela justiça criminal, redimensionando a capacidade de vigilância do Estado em monitoramentos descentralizados efetuados por agentes heterogêneos. Empresas privadas atuam hoje junto a instituições estatais na *gestão compartilhada* da delinquência, esteja ela encarcerada ou posta em circulação. Desenvolvem-se novas formas de governar e novas formatações flexíveis em um processo de deflagração de tecnologias de controle, conectado à reafirmação de práticas punitivas.

No Brasil, a utilização de tornozeleiras eletrônicas ganhou inédita visibilidade com o monitoramento de políticos e empresários acusados de lavagem de dinheiro, em meio à famosa Operação Lava Jato, conduzida pela Polícia Federal. Entretanto, a medida vai além dos chamados "crimes do colarinho branco", sendo hoje aplicada em quase 20 mil pessoas nos dezenove estados que utilizam o dispositivo, conforme dados do Departamento Penitenciário Nacional (Depen).[3]

Este artigo analisa o avanço dos programas de monitoramento eletrônico de presos e presas atrelado ao florescimento da indústria da punição no país. São investigadas algumas implicações sociais e políticas do controle eletrônico empregado pelo sistema penal, destacando-se os agenciamentos entre o Estado e a iniciativa privada no processo de ampliação do mercado consumidor da pena. Interessa questionar a continuidade do castigo sobre corpos como alicerce da política que se exercita e se prolonga hoje por meio de novos controles punitivos.

DILATAÇÕES

As primeiras décadas do século XXI são marcadas pelo rápido incremento da população trancada nas unidades prisionais espalhadas pelo Brasil. Unidades superlotadas, condições deploráveis de sobrevivência no cárcere, práticas sistemáticas de tortura, episódios de violência extrema e fortalecimento das chamadas "facções criminosas" compõem o calamitoso cenário prisional brasileiro na entrada do século. O propósito reabilitador atribuído à pena de detenção revela-se fictício, superando os efeitos de realidade que a ficção pode conceber. Incapaz de transformar seus "criminosos" em sujeitos pacificados, o aparato carcerário parece ser fomentado pela violência que ele mesmo incita. De usina da delinquência a prisão converte-se gradativamente em verdadeira bomba-relógio.

É nesse contexto que emergem as campanhas pela implementação e ampliação dos programas de monitoramento eletrônico de presos e presas no país, mediante a utilização de tornozeleiras eletrônicas rastreadas via Sistema de Posicionamento Global (GPS) e radiofrequência. Autorizado pela primeira vez em junho de 2010, por meio da Lei Federal no 12.258, o chamado "controle telemático" foi anunciado como técnica penal capaz de substituir a prisão em casos específicos e contribuir assim para a redução da superpopulação carcerária brasileira.[4] Juristas, legisladores e organizações da sociedade civil propalavam a necessidade de se adotar métodos alternativos de punição, tendo em vista a formulação de um sistema penal mais eficiente e sustentável.[5] As campanhas em favor da monitoração eletrônica contaram com todo um léxico modernizante, instigando tanto defensores de direitos humanos quanto entusiastas de um "direito penal do futuro".[6]

Todavia, o acompanhamento dos dados oficiais referentes à colocação em prática do monitoramento eletrônico e à evolução dos índices de encarceramento no país durante os últimos anos indicam que a medida não tem apresentado impacto algum no sentido de conter o crescimento da população encarcerada. Ao contrário, os efeitos de sua aplicação têm levado a uma reconfiguração das práticas de vigilância, ampliando a clientela do sistema penal e transferindo os mecanismos de controle para o próprio corpo do sentenciado, onde quer que esteja. Do corpo na prisão passa-se à prisão no corpo. Em 2015, cinco anos após a aprovação da medida, 18.172 pessoas já eram submetidas à monitoração eletrônica, aplicada majoritariamente no regime semiaberto de cumprimento de pena.[7] No mesmo ano, a expectativa do Depen era de que esse número chegasse a mais de 100 mil em 2018. Simultaneamente, as taxas de encarceramento seguiram em pleno crescimento: se em junho de 2009 – cerca de um ano antes da aprovação do controle eletrônico no âmbito da execução penal – havia em torno de 248 pessoas presas para cada 100 mil habitantes no Brasil, em junho de 2014 esse índice chegou a mais de 299/100 mil habitantes, ultrapassando um total de 607 mil pessoas presas.[8]

De um lado, a criação de medidas penais em meio aberto, ao contrário de favorecer um suposto processo de desencarceramento, tem submetido indivíduos que cometeram pequenas infrações, cuja insignificância não justificaria a prisão, a uma supervisão penal além-muros, ultrapassando os limites físicos da prisão-prédio. De outro, os dispositivos de monitoramento imprimem um controle adicional, ostensivo e ininterrupto sobre os deslocamentos de indivíduos em regimes aberto e semiaberto, sem, contudo, promover o anunciado processo de substituição ao cárcere.

Em dezembro de 2015, o relatório publicado pelo Depen apresentava em sua conclusão a previsível constatação: "a monitoração eletrônica não vem se configurando como uma alternativa à prisão, mas como um instrumento aliado aos movimentos de controle social e de recrudescimento do poder punitivo".[9] Apesar disso, crescem os investimentos voltados à aquisição de equipamentos e à estruturação de novas centrais de monitoramento.

A PENA COMO BEM DE CONSUMO

Atravessando a discussão jurídico-política, a pulverização de aparatos tecnológicos voltados ao controle do crime é impulsionada em grande medida pela ascensão do mercado da punição no Brasil. Desenvolvido pela empresa paranaense *Spacecom Monitoramento*, o Sistema de Acompanhamento de Custódia 24 horas (SAC24) é hoje o principal mecanismo utilizado para monitoramento eletrônico de pessoas condenadas ou processadas no país, tendo sido adotado em dezessete estados. Com a recente expansão da indústria de sistemas eletrônicos de controle penal, a *Spacecom* cresceu 296% entre 2011 e o fim de 2015, detendo quase a totalidade dos contratos estabelecidos com as administrações penitenciárias estaduais.

A punição é um negócio rentável e a indústria brasileira da pena cresce, impulsionada em grande medida pelo eterno retorno das crises penitenciárias cuja invariável resposta tem sempre girado em torno do investimento na construção de mais unidades prisionais, na terceirização de serviços penitenciários e na elaboração de novas formas de controle extra-cárcere.[10]

A participação crescente do capital privado na elaboração e gestão da pena levanta sobressaltos a respeito do esfacelamento do Estado democrático de direito e da salvaguarda de seu monopólio do uso legítimo da força, em processo avançado de deterioração. Questiona-se a legitimidade jurídica, política e moral implicada pela atividade de extração de um lucro econômico mediante o exercício privatizado do poder de punir. Função secular do Estado moderno e sustentáculo fundamental de sua edificação, a punição passa cada vez mais a ser produzida e gerida por agentes híbridos constituídos pelas parcerias público-privadas.

Isso não significa, contudo, que o Estado esteja se ausentando da tarefa de punir. O crescimento da atuação de empresas privadas no controle do crime indica mais uma readequação do que uma retração do Estado na área penal. O poder estatal assume o papel de contratante de peso, garantindo regimes especiais de contratação e definindo as diretrizes políticas a serem perseguidas por meio de parcerias, acordos de cooperação e gestão compartilhada do aparato punitivo com o capital privado.[11] Em contrapartida, além do fornecimento de equipamentos, companhias particulares disponibilizam serviços e *expertise* voltada à gestão custo-eficiente do sistema penal.

Para além do debate valorativo, sustentado pela crença na soberania estatal, o processo de mercantilização do castigo tem levado à infalível ampliação do mercado consumidor da pena fomentada pelas exigências de um contingente populacional mínimo – que tende sempre ao máximo – submetido ao aparato penal para que se assegure um coeficiente de produtividade e crescimento econômico da indústria público-privada do controle do crime. A fabricação da miséria em larga escala atua aqui como mecanismo decisivo de retroalimentação do sistema de distribuição das penas por meio da reinserção dos corpos descartados pela ordem econômica formal no interior das "prisões do mercado"[12] e dos circuitos de monitoramento que atravessam seus muros.

Nils Christie alertara há tempos para o potencial contido no avanço do mercado do controle do crime em converter a sociedade em uma espécie de prisão a céu aberto. O sociólogo norueguês desloca a análise criminológica centrada no fenômeno criminoso, sinalizando para o fato de que os maiores perigos do crime residem nos efeitos sociais e políticos implicados pelo aparelhamento direcionado contra ele.[13] Impulsionados pela indústria do castigo cuja matéria-prima é o sofrimento e a tutela, proliferam-se tecnologias de controle extra-cárcere, dilatando os limites duros do edifício carcerário, sem que se abdique, contudo, ao claustro e ao confinamento.

"UM POUCO DE POSSÍVEL..."

Nove anos após o lançamento de sua potente análise sobre *A indústria do controle do crime*, Christie esclarece seu posicionamento em favor de um *minimalismo penal*, no qual as práticas punitivas se justificariam apenas como último recurso voltado à solução de conflitos ou à prevenção de situações problemáticas. Com a publicação de *Uma razoável quantidade de crime*, o autor apresenta sua argumentação em defesa de uma "justiça horizontal"[14] baseada em modelos participativos, solidários e comunitários de "jurisdição". No prefácio à edição brasileira da obra, o cientista penal André Nascimento apresenta algumas ponderações sobre o assunto:

> Aceitar o modelo punitivo, ainda que na linha de *ultima ratio*, significa continuar a chocar o ovo da serpente. Se há algo

que a observação empírica confirma a respeito dos sistemas penais é que, historicamente, em conjunturas como a nossa, nas quais se faz presente a necessidade de controle de certas parcelas da população, a tendência por eles apresentada é sempre de expansão.[15]

A busca por métodos de punição alternativos ao cárcere, mobilizada muitas vezes por intenções humanitárias, ignora, todavia, as propensões expansivas intrínsecas à malha governamental destinada à administração da pobreza via produção do sofrimento e à gestão das ilegalidades concebidas em uma sociedade assimétrica. O paradoxo da racionalização e da suavização das penas erigido pelo utilitarismo liberal reside em sua capacidade de universalização, adequação e acoplamento com as técnicas predecessoras de inflição da dor que ganham hoje novos impulsos e contornos com a conversão do castigo em bem de consumo. O Direito Penal mínimo tende à maximização.

A abolição do sistema penal figura como rara possibilidade de respiro em meio à asfixia provocada pelas atuais metamorfoses da máquina punitiva cujos efeitos expansivos se substancializam na produção e reprodução da violência e na conversão da sociedade em uma vasta e ilimitada *colônia penal*. Já tarda a constatação de que os problemas criados pelo sistema penal são notavelmente mais relevantes e expressivos do que aqueles aos quais ele se propõe a solucionar. As possibilidades de escape e ampliação das liberdades coletivas ou individuais emergem no exercício ético e político dos inúmeros caminhos em direção ao fim da doutrina do castigo, como prática cotidiana e imediata.

Sobre o autor

Doutorando em Sociologia na Universidade de São Paulo, onde desenvolve pesquisa a respeito do monitoramento eletrônico como forma de controle penal. Bolsista da Fundação de Amparo à Pesquisa do Estado de São Paulo. Mestre e bacharel em Ciências Sociais pela Pontifícia Universidade Católica de São Paulo. Artigo inédito.

Notas

1 "[...] é verdade que os mais ativos na esquerda têm razão em lutar pela abolição das prisões, pela abolição do hospital psiquiátrico etc. Porém, é preciso entender que seus inimigos não são os velhos, os pobres sujeitos que se fazem de palhaço dizendo: 'Sim ao hospital psiquiátrico! Sim à prisão!'. Seus inimigos são aqueles que estão absolutamente de acordo com eles, e dizem: 'Sim, sim, bravo! Não mais prisões!' A batalha não passa por onde se acredita, nunca passa por onde acreditamos."

2 *El poder: curso sobre Foucault II*. Trad. Pablo Ariel Ires. Buenos Aires: Cactus, 2014, p.369.

3 Depen. A implementação da política de monitoração eletrônica de pessoas no Brasil. Brasília: 2015.

4 A Lei no 12.258 alterou a Lei de Execução Penal (Lei no 7.210), prevendo a possibilidade de utilização de equipamento de "vigilância indireta" em pessoas condenadas ao regime semiaberto ou prisão domiciliar. Em 2011, as possibilidades de aplicação da monitoração eletrônica foram ampliadas para medidas cautelares, aplicadas antes da sentença condenatória, por meio da Lei Federal no 12.403.

5 Ver, por exemplo, a justificativa do PLS 175/2007, uma das principais procedências jurídicas da Lei Federal no 12.258.

6 Edmundo Oliveira. *Direito penal do futuro*. São Paulo: Lex Editora, 2012.

7 Depen. A implementação da política..., op.cit.

8 Depen. Levantamento Nacional de Informações Penitenciárias. Brasília: 2014.

9 Depen. A implementação da política..., op.cit., p.50.

10 "Uso de tornozeleiras eletrônicas dispara e mercado cresce quase 300%". *O Globo*, 4 jul. 2016. Disponível em: <http://oglobo.globo.com/brasil/uso-de-tornozeleiras-eletronicas-dispara-mercado-cresce-quase-300-19637514>.

11 No caso do monitoramento eletrônico, as administrações estaduais contratam empresas particulares que fornecem equipamentos de rastreamento e serviços de supervisão técnica. As diretrizes políticas de sua aplicação têm sido definidas pelo Depen junto às secretarias estaduais de justiça e administração penitenciária.

12 Laurindo Dias Minhoto. As prisões do mercado. *Lua Nova: revista de cultura e política,* n.55-56. São Paulo: Cedec, p.133-154, 2002.

13 Nils Christie. *A indústria do controle do crime: a caminho dos Gulags em estilo ocidental.* Trad. Luís Leiria. Rio de Janeiro: Forense, 1998, p.5.

14 Nils Christie. *Uma razoável quantidade de crime.* Trad. André Nascimento. Rio de Janeiro: Revan, 2011, p.117.

15 André Nascimento. Apresentação à edição brasileira. In: Nils Christie. *Uma razoável quantidade de crime,* op.cit., p.11.

Este livro foi composto com as fontes
CHRONICLE e **RINGSIDE** e impresso
em papel **PÓLEN BOLD 80 G/M²** na
gráfica **XXXXXXX** em **XXXXX** de 2017.